하나님의 작전타임

최고의 코치이신 하나님이
아버지들에게 전해주는 자녀 양육 비법

하나님의 작전타임

초판 1쇄 발행 2022년 5월 1일

저 자	쿠엔틴 가이
번 역	이혜림
발행인	김용성
기 획	박찬익
편 집	조은샘
디자인	권기용
제 작	이인애
보 급	정준용 이대성 박준호
펴낸곳	요단출판사
등 록	1973. 8. 23. 제13-10호
주 소	07238 서울특별시 영등포구 국회대로76길 10
기 획	(02)2643-9155
보 급	(02)2643-7290 Fax(02)2643-1877

값 15,000원
ISBN 978-89-350-1942-7　03230

ⓒ2022. 요단출판사 all rights reserved.

Copyright ⓒ 2019 by Barbour Publishing, Inc
Originally published in English under the title: *God's Playbook for Dads*
Published by Barbour Books, an imprint of Barbour Publishing, Inc., 1810 Barbour Drive, Uhrichsville, Ohio 44683, www.barbourbooks.com
All rights reserved

하나님의 작전타임
GOD'S PLAYBOOK FOR DADS

퀜틴 가이 지음 | 이혜림 번역

최고의 코치이신 하나님이
아버지들에게 전해주는 자녀 양육 비법

요단
JORDAN PRESS

CONTENTS

들어가는 글

01 전략세션
정답과 오답　　　　9
세션 1 매뉴얼 | 하나님을 알고 따르는 것　　33

02 전략세션
리스크 관리　　　　41
세션 2 매뉴얼 | 영적 리스크 평가　　55

03 전략세션
부상 방지　　　　73
세션 3 매뉴얼 | 하나님의 약속　　93

04 전략세션
효과적 커뮤니케이션　　105
세션 4 매뉴얼 | 커뮤니케이션의 목적　　119

05 전략세션 — 충분한 영양 보충　129
세션 5 매뉴얼 | 1. 성령의 열매　139
세션 5 매뉴얼 | 2. 진리의 탐구　151

06 전략세션 — 절제의 훈련　159
세션 6 매뉴얼 | 1. 우선순위 점검　167
세션 6 매뉴얼 | 2. 재정　175
세션 6 매뉴얼 | 3. 훈육의 원칙　181

07 전략세션 — 실전　193
세션 7 매뉴얼 | 1. 아들 사랑하기　209
세션 7 매뉴얼 | 2. 딸 사랑하기　217

08 전략세션 — 진정한 책임감　225
세션 8 매뉴얼 | 감성 지능　239

PROLOGUE

들어가는 글

아빠가 되는 것은 한 팀의 감독이 되는 것과 흡사하다. 이 책은 당신의 클립보드, 성공을 위한 경기 계획이다. 대부분의 경기 계획은 공격과 수비의 두 부분으로 구성된다. 공격과 수비가 각각 필요한 시점과 장소가 있다. 공격 모드일 때는 아이들과 놀고, 아이들의 이야기를 들어주고, 아이들을 훈육하고 지지하며, 아이들과 소통한다. 수비 모드일 때는 자신의 내면을 돌아보고 아이들과의 소통을 위해 준비한다. 아이들과 소통하며 자신의 접근방식을 점검하고 재고하는 과정에서 점차 공격 모드와 수비 모드 모두 성장하게 된다.

이 책은 여덟 개의 전략 세션으로 구성되어 있으며 세션마다 특정한 주제를 다룬다. 전략 세션마다 숙고해볼 구체적인 주제들을 담은 매뉴얼이 한 개 이상 제시된다. 이 책은 처음부터 순서대로 읽어도 좋고 원하는 부분부터 읽어 나가도 좋다.

경기에 참여해 감독직을 맡기로 한 것을 축하한다. 물론 완벽한 준비를 하지 못한 상태로 맞닥뜨리는 상황들도 있지만 좋은 자녀 양육은 임기응변 과정에서 터득되는 경우가 많다. 즉, 사건이 발생하면 이에 대응하고 그에 따른 결과에 대처해야 한다는 의미다.

다만 성경에 기초한 영적 토대 위에서 대응하고 대처하라. 임기응변 상황에서 당신의 성공 여부는 보이지 않는 곳에서의 성경 읽기와 기도, 그리고 매일 쌓아온 자녀들과의 소통이 영향을 미치게 된다. 할 일이 참 많지만 염려하지 마라. 하나님이 도우시면 해낼 수 있다.

전략
세션

1

정답과 오답

GOD'S PLAYBOOK FOR DADS

숨을 들이쉬라

> 아버지가 되고서 무조건적인 사랑을 배웠고 사랑을
> 사랑으로 돌려주는 것이 얼마나 중요한지 더욱 확실히 알게 되었으며
> 더 나은 사람이 되는 법을 배웠다. | 나빈 제인

모든 사람은 안정감과 위로를 주건, 쓰라림과 공포를 주건, 부재의 그림자를 드리우건, 아버지의 그늘 속에 살아왔다. 아버지의 사랑은 자녀를 특별한 존재로 만들 수 있고 아버지의 무관심은 인정에 대한 평생의 갈구로 이어질 수 있다.

이 같은 영향을 미치는 이유는 놀라우리만큼 단순하다. 아빠는 아이에게 하나님에 대한 첫 번째 기준점이 되기 때문이다. 하늘에 계신 우리 아버지는 우리와 관계 맺기를 원하시며 우리가 그분께 순종하여 그분의 복을 받기를 바라신다. 하지만 하나님이 얼마나 좋은 분이신지를 육신의 아버지가 조금도 보여주지 못한다면 그 길은 험난하다.

이는 막중한 무게감이 아닐 수 없고 무겁게 느껴야 마땅하다. 그러나 하나님이 도우시면 그 무게를 감당할 수 있을 뿐 아니라 당신의 자녀가 아버지의 사랑의 능력을 알고 자신을 지으신 창조주 하나님과 개인적인 관계를 성공적으로 이행하도록 도울 수 있다.

> 아무 것도 염려하지 말고 다만 모든 일에 기도와 간구로, 너희 구할 것을 감사함으로 하나님께 아뢰라 | 빌립보서 4:6

기본으로 돌아가라

**완벽함에 이르는 것은 불가능하지만
완벽함을 추구하면 탁월함에 달성할 수 없다.** | 빈스 롬바르디

명예의 전당에 입성한 미식축구 감독 빈스 롬바르디가 매 시즌 새로운 팀과 처음 만난 자리에서 했던 말이 이제는 전설이 되었다. 롬바르디는 타원형 미식축구 공을 두 손으로 잡고 이렇게 말했다. "제군들, 이게 공이다."

롬바르디는 기본으로 돌아갔다. 팀 선수들은 미식축구공이 어떻게 생겼는지, 경기의 기본은 무엇인지, 승리와 패배가 무엇인지 알고 있었다. 하지만 롬바르디 감독은 그 무엇도 당연히 여기지 않았다. 모두가 자신의 비전을 공유하도록 만들겠다고 결심했고 오직 탁월함만을 추구하면서 첫 두 번의 슈퍼볼 우승을 비롯해 다섯 차례 챔피언십에서 우승했다.

아버지가 된 지 얼마가 됐든 그 무엇도 당연히 여겨서는 안 된다는 점을 잘 알 것이다. 자녀에게 하나님을 소개하고 하나님을 신뢰하는 삶의 모범을 보이라. 당신이 하나님의 경기 계획을 얼마나 잘 이해하고 이행하느냐에 따라 성패가 판가름 난다.

**내가 이미 얻었다 함도 아니요 온전히 이루었다 함도 아니라 오직 내가
그리스도 예수께 잡힌 바 된 그것을 잡으려고 달려가노라** | 빌립보서 3:12

경건의 추구

> 바람이 동기부여의 열쇠가 될 수는 있지만
> 추구하는 성공을 이루게 해주는 것은 목표를 끊임없이
> 좇겠다는 결단과 결의다. | 마리오 안드레티

아버지로서 성공 능력에 영향을 미치는 요인은 수없이 많지만, 그중에서 가장 중요한 것은 경건함에 대한 헌신이다. 아버지가 되기 전에 수도원에 은둔해서 1일 1식을 하며 단전에 힘을 모은다고 경건해지지 않는다. 경건은 일상에 훨씬 더 가깝다. 경건은 삶의 모든 영역에서 하나님의 사람이 되는 것이다.

경건은 세상의 방법, 세상의 철학, 관행, 전통, 자기 의존, 자존감, 자기만족으로부터 자신을 분리하는 것이다. 이 세대는 이런 것들을 자랑하기 위해 셀카를 찍는다.

하지만 아비 됨을 하나님을 더 잘 알고 자녀에게 같은 길을 추구하도록 가르치는 기회로 인식하게 되면, 아빠가 되는 것이 거룩한 일이며 그보다 더 중요한 일은 극히 드물다는 사실을 깨닫게 된다.

> 네가 네 자신과 가르침을 살펴 이 일을 계속하라 이것을 행함으로 네 자신과 네게 듣는 자를 구원하리라 | 디모데전서 4:16

통제 불능

**우리를 위해 예비 된 삶을 살기 위해서는
우리가 계획한 삶을 기꺼이 내려놓아야 한다. | E. M. 포스터**

하나님이 아담과 하와에게 땅을 다스리라고 말씀하시며 생육하고 번성하라고 하셨던 것을 기억하는가? 주도권을 갖고자 하는 마음은 죄가 아니라 하나님이 우리를 지으신 본 모습의 일부다. 하지만 타락으로 자유의지와 권력이 결합하면 지극히 불안정해진다는 사실이 분명해졌다. 우리는 이런 조합을 안전하게 담아 둘 수 있도록 버튼을 눌러 모든 것을 날려버리지 않게 막아줄 무언가가 필요하다.

핵심은 우리가 주도할 수 있는 것과 그렇지 않은 것을 아는 것이다. 궁극적인 주도권은 하나님께만 있다. 우리가 내려야 할 가장 중요한 결정은 이 사실을 인정하고 우리 삶 속에서 하나님이 우리를 인도하시도록 주도권을 내어드리느냐의 여부다. 하나님은 가인에게 그렇게 하지 않았을 때의 처참한 결과를 일깨워 주셨다. 하나님이 하나님 되시도록 하면 우리 삶에 닥치는 모든 일을 제대로 볼 수 있게 될 것이다.

> 네가 선을 행하면 어찌 낯을 들지 못하겠느냐 선을 행하지 아니하면 죄가 문에 엎드려 있느니라 죄가 너를 원하나 너는 죄를 다스릴지니 | 창세기 4:7

공급하시는 분

**우리가 자녀들과 손자 손녀에게 남겨줄 수 있는 최고의 유산은
우리가 살면서 모은 돈이나 물질이 아닌 성품과 믿음이다.** | 빌리 그래함

하나님은 사람을 공급하는 자로 지으셨다. 우리는 에덴에서부터 인간은 가정의 기본이 되는 육신적 필요인 식량과 거처, 그리고 안전을 돌봐야 한다는 사실을 알 수 있다. 하나님은 또한 인간을 일하는 존재로 지으셨다. 일하고자 하지 않으면 하나님이 지으신 본연의 모습에서 핵심적인 부분을 잠식당하고 만다.

죄와 타락으로 일이 어려워졌고 즐기기 힘들어졌지만 일 자체는 선하다. 하나님은 일을 통해 우리에게 소중한 것을 만들고 이어가는 기쁨을 맛보게 하신다. 하지만 공급하는 자가 되려면 월급봉투를 가져다주는 것으로는 부족하다. 남자는 남편으로, 또 아버지로 가정에 진리와 사랑, 영적 가치관을 제공해야 한다. 예수님의 말씀처럼 사람은 떡으로만 살지 않는다. 이 진리를 깨달을 때 영적 리더십이 시작된다.

> **누구든지 자기 친족 특히 자기 가족을 돌보지 아니하면 믿음을 배반한 자요 불신자보다 더 악한 자니라** | 디모데전서 5:8

겸손에는 연습이 필요하다

**겸손이란 자기 자신을 낮추는
것이 아니라 자신을 덜 생각하는 것이다.** | 릭 워렌

공급하는 자의 역할을 감당하려면 겸손을 연습해야 한다. 여기서 중요한 것은 '연습'이다. 연습해야 겸손해지기 때문이다. 참된 겸손에는 노력이 필요하다. 이마에 송골송골 땀이 맺히는 종류의 노력이 아니라 내가 하나님이 아님을 깨닫는, 그런 종류의 노력이 필요하다.

가족의 필요를 채우고, 아이들 경기에 꼬박꼬박 참관하고, 교회에서 섬기는 등 옳은 일을 한다는 생각에 교만해지기 쉽다. 하지만 이런 일들이 옳은 이유는 하나님의 성품에 공급하심과 관심, 그리고 섬김이 있기 때문이다.

우리가 물어야 할 질문은 '합당한 이유로 이런 일들을 하고 있는가?'이다. 아이들이 당신의 지지를 받을 자격이 있기 '때문에' 일이 끝나기 무섭게 서둘러 아이들을 데리러 가는가? 아이가 응급실에 있을 때 아이에게 당신이 필요하기 '때문에' 중요한 회의 중간에 자리를 뜨는가? 이 모든 일이 하나님 없이는 제대로 바라볼 수 없기 '때문에' 날마다 하나님과 교재 가운데 있는가? 하나님 앞에 자신을 낮추는 것이 겸손을 연습하기 위한 첫 번째 수칙이다. 바울의 말처럼 이것이 우리가 드릴 합당한 예배이다.

> **너희 중에는 그렇지 않아야 하나니 너희 중에 누구든지 크고자 하는 자는 너희를 섬기는 자가 되고** | 마태복음 20:26

다시 셈을 해봐도 답은
받은 복을 세어보는 것이다

**그리스도는 빈번히 우리 마음의 소원을 이루어주신다.
단 우리가 바라는 딱 그때가 아니라 더 나은 때에 이루어주신다.**
| 로버트 머리 맥체인

아빠가 되기 위한 모든 노고는 그만한 가치가 있다. 크리스마스와 생일 파티, 피아노 레슨과 야구 글러브에 들인 돈을 다 모아도 미소와 포옹, 그리고 아빠가 퇴근해서 집에 돌아왔다는 이유만으로 기뻐 휘둥그레진 작은 눈에 비하면 아무것도 아니다. 모든 분노와 말싸움, 수학 숙제와 흠집 난 가구도 가족끼리만 아는 농담이나 마지못해 하는 "감사합니다"라는 말에 까맣게 잊게 된다.

좋은 아빠가 되기가 이렇게 힘들 거라고는 상상도 하지 못했을 것이다. 하지만 아빠가 되는 것이 이렇게 행복한 일인지도 예상하지 못했을 것이다. 아기를 직접 품에 안는 순간까지는 그 사랑을 가늠할 수 없다. 아이를 위한 사랑과 희생의 모든 순간은 우리에게 자신의 최선을 주신 하나님 아버지를 본받은 아름다운 순간이다.

> 온갖 좋은 은사와 온전한 선물이 다 위로부터 빛들의 아버지께로부터 내려오나니 그는 변함도 없으시고 회전하는 그림자도 없으시니라 | 야고보서 1:17

하나님처럼 사랑하기

**나는 하나님처럼 사랑하는, 사랑할 수밖에 없는 사랑,
그리고 사랑을 위한 사랑을 원한다.** | A. B. 심슨

사랑이 엄청난 오해를 받는 경우가 많다. 성급한 감정이나 따뜻하고 간질간질한 느낌이 사랑의 전부가 아니다. 사랑은 청년의 모닥불이자 노년의 불씨이다. 하지만 사랑은, 특히 아이들을 향한 사랑은 전혀 다른 모습이다. 아이들을 향한 사랑은 까진 무릎에 붙은 반창고나 자전거를 조립하며 긴 밤을 지새운 크리스마스이브이다. 아이가 어깨에 잔뜩 토해놓은 것을 보고도 미소를 짓고 휴지를 건네주며 "조심해"라고 말한다.

아이를 보고 있노라면 '내가 지금 좋아하지도 않는 누군가를 어떻게 사랑할 수 있지?'란 의문이 떠오른다. 답을 알면 깜짝 놀랄 것이다. 그런 사랑을 할 때 우리는 하나님처럼 사랑하고 있는 것이다. 아이들에게는 어마어마한 인내와 관용이 필요한데, 우리도 그렇다. 하나님이 우리에게 그런 사랑을 매일 주신다. 그랬기에 우리를 구하기 위해 자신의 아들을 주셨고 이후로도 날마다 우리를 생각하신다. 아버지가 되면 그런 사랑을 더 충만히 느끼고 감사할 수 있다.

> 우리가 아직 죄인 되었을 때에 그리스도께서 우리를 위하여 죽으심으로 하나님께서 우리에 대한 자기의 사랑을 확증하셨느니라 | 로마서 5:8

은혜의 상태

**모든 것 속에서 하나님을 보는 마음의 상태는
은혜 속에서 성장과 감사하는 마음의 증거다.** | 찰스 피니

아빠로서 우리가 할 일은 아이의 잘못을 파악하고, 다시는 그런 잘못을 하지 않도록 노력하고, 잘못했을 때는 합당한 결과를 감내하도록 하는 것이다. 하지만 우리가 모든 잘못을 잡아내는 것이 과연 가능할까? 우리도 어렸을 때 잘못을 하고도 빠져나간 적이 있지 않은가?

이 지점에서 하나님이 일하신다. 하나님은 모든 것을 보시기 때문에 장기적으로는 그 무엇으로부터 빠져나갈 수 없다. 하지만 무엇보다 하나님은 모든 사람의 마음을 아신다. 그렇기 때문에 아이가 잘못하고도 아무렇지 않게 빠져나가는 일을 막기 위한 최선의 방법은 하나님이 누구신지를 아이에게 가르치는 것이다. 그 누구도 그 무엇으로부터 빠져나갈 수 없다. 동시에 하나님은 우리가 용서를 받고, 앞으로 나아가며, 모든 것을 보시고 아시는 그분을 기쁘시게 할 길을 내셨다.

그 길이 바로 은혜이다.

> **나(바울)에게 (하나님이) 이르시기를 내 은혜가 네게 족하도다 이는 내 능력이 약한 데서 온전하여짐이라 하신지라 그러므로 도리어 크게 기뻐함으로 나의 여러 약한 것들에 대하여 자랑하리니 이는 그리스도의 능력이 내게 머물게 하려 함이라** | 고린도후서 12:9

약함 속의 영광

**진실한 믿음은 인간의 약함이
하나님의 강함에 기대는 것이다.** | 드와이트 L. 무디

자신이 약하다고 생각하고 싶어 하는 사람은 없다. 우리는 사십에 하나 감한 매를 다섯 번 맞고 견딘 바울이나 동굴에서 사울을 죽이기를 거부한 다윗과 같은 성경의 위인들을 생각하며 '저런 상황에서 나도 저렇게 할 수 있을까?'라고 생각한다.

하지만 바울과 다윗도 각자의 도전에 직면했음을 기억하라. 바울은 하나님이 자신을 두신 곳은 어디든 선교지로 삼았기에 기쁘게 감옥에 갔으며, 다윗은 가장 위력적인 전사도 여호와께는 상대가 되지 않음을 알았기에 골리앗을 죽였다. 하지만 이들은 자신의 성취와 힘도 하나님이 이들을 위해 예비하신 일을 행하기에 부족하다는 사실을 알았다.

아빠가 되는 것도 마찬가지다. 때때로 화가 나고 짜증이 난다. 아이를 잘 키우면서 냉정함을 잃거나 패배감을 느끼지 않을 만큼의 힘이 있는 사람이 누가 있을까? 우리 중에는 없다. 하지만 이런 상황이 일어나더라도 게임이 끝난 것은 아니다. 모든 상황에서 슈퍼맨이 되겠다는 생각을 내려놓고 하나님의 힘이 당신의 힘이 되게 하라. 결코 실망하지 않을 것이다.

> 그러므로 내가 그리스도를 위하여 약한 것들과 능욕과 궁핍과 박해와 곤고를 기뻐하노니 이는 내가 약한 그 때에 강함이라 | 고린도후서 12:10

바위처럼

**하나님은 권능으로 일하시지만,
대부분은 부드럽게 점진적으로 일하신다.** | 존 뉴턴

자녀의 삶에 갖춘 능력을 절대 과소평가하지 마라. 아이들이 어릴 때는 우리를 통해 가장 기본적인 필요를 공급받는다. 그리고 나이가 들면서 우리의 인정을 갈구한다. 독립할 시기가 되어서도 우리의 지혜가 필요하다. 부모가 되면 우리의 정서적 지지와 우정이 필요하다.

우리는 아빠로서 우리의 능력을 항상 지혜롭게 사용해야 한다. 물리적 위압이나 언어적 공격과 같은 힘을 과시해서는 안 된다. (당분간은) 우리가 힘이 더 세거나 머리 회전이 빠르다는 것을 보여줄 수 있을지는 모르지만, 동시에 우리 안의 차갑고 약한 면모만 드러낼 뿐이다.

인내심을 가지고 장기전을 펼치는 것이 영향력을 가장 선용할 수 있는 방법이다. 하나님은 오랜 시간에 걸쳐 우리 안에서 그분의 뜻과 길을 행하고 계시며 우리가 자녀들에게 똑같은 일을 하도록 우리를 사용하신다. 하나님과의 관계가 이런 꾸준하고 안정적인 접근방식을 투영하게 될 때, 우리 자녀는 우리에게서 하나님 아버지와 같은 모습을 보게 될 것이다.

> 나의 이 말을 듣고 행하지 아니하는 자는 그 집을 모래 위에 지은 어리석은 사람 같으리니 | 마태복음 7:26

평화의 문화를 일구라

평화로운 집은 예배당이나 성당만큼이나 성스럽다.
| 빌 킨

자녀에게 날마다 성경을 읽게 하고 기독교 음악만 듣게 하는 것도 좋지만, 그렇게 한다고 우리 가정이 믿음의 가정이 되는 것은 아니다. 믿음의 가정은 자녀가 무엇을 하느냐가 아니라 부모가 무엇을 하느냐로 결정된다. 아빠인 우리가 분위기를 결정한다.

자녀를 주님 안에서 양육한다고 해서 기독교 의상을 갖춰 입은 꼬마 병사들처럼 발을 맞춰 행진하게 만들어야 하는 것은 아니다. 예수님의 말씀을 빌자면 "자연스러운 은혜의 리듬"(마 11:29, 메세지 성경)에 따라 우리는 삶을 살아가면 된다. 우리가 예수님 안에서 안식하며, 불안감을 예수님께 내어드리고, 성경을 읽고, 자녀와 대화하며, 수시로 하나님이 우리에게 가르쳐주시는 것들을 자녀에게 나누는 모습을 보면, 하나님을 따르는 삶이 명령을 수행하는 것이 아니라 삶의 방식이라는 것을 깨닫게 될 것이다.

우리의 권위는 하나님으로부터 나온다. 그 때문에 우리가 먼저 하나님을 알면 우리는 하나님이 주시는 복의 통로가 된다. 우리의 자녀는 우리가 가진 평화가 예수님과의 진정한 관계에서 비롯된다는 사실을 알게 될 것이다. 그러면 예수님께 매력을 느낄 것이고 그분의 평강이 우리 가정에 깃들게 될 것이다.

▌ 할 수 있거든 너희로서는 모든 사람과 더불어 화목하라 | 로마서 12:18

켜져 있는가?

**우리 아들이 뜬금없이 나를 쳐다보고는 이렇게 말한다.
"아빠, 전 의사가 될래요." 그래서 "그래, 그래, 아무렴!" 하면 이렇게 말한다.
"아니면 공룡이 될래요." | 마이클 주니어**

웃는 걸 싫어하는 사람은 드물다. 웃으면 긴장이 풀리고, 부담이 줄고, 관계가 탄탄해지고, 그냥 기분이 좋아진다. 게다가 성경도 웃음이 좋다고 말한다. 어떤 사람들은 진지한 기독교인이라면 항상 누군가 집에 달걀이라도 집어 던진 듯한 표정을 지어야 한다고 생각한다. 하지만 기독교인은 세상에서 가장 행복한 사람이 되어야 한다. 우리에게는 앞으로 기대되는 것이 너무나 많기 때문이다.

자녀는 우리를 웃게 한다. 하지만 우리가 웃는 모습을 자녀들이 '보는가'? 성경은 웃을 때가 있으며, 기쁨을 나누면 짐이 가벼워지고, 스스로를 웃어넘길 줄 알면 긴장이 풀어진다고 기록한다. 예수님도 부자가 천국에 들어가는 것보다 낙타가 바늘귀로 들어가는 것이 더 쉬울 것이라고 말씀하시면서 농담을 하셨을지도 모른다.

웃음은 아버지 된 우리에게 특히 중요하다. 하나님은 우리를 중요한 결정을 내리는 존재로 지으셨다. 하지만 동시에 우리가 하나님의 모든 성품을 담은 자가 되길 바라신다. 복을 기뻐하며 삶을 즐기는 것도 하나님의 성품이다.

▌ **마음의 즐거움은 양약이라도** | 잠언 17:22

강함의 개가

> 아이들은 부모의 잘못을 용서할 수 있다.
> 하지만 부모가 약하면 강인한 무언가를 찾아다닌다. | 레온틴 영

남자들은 대부분 힘을 신체적 능력이나 정신력으로 이해하지만, 아빠에게 정말 중요한 유형의 힘은 그런 힘이 아니다. 이런 종류의 힘은 "나는 내 가족을 지킬 수 있어"라는 메시지를 전달하지만, 동시에 "나는 범접할 수 없는 사람이다"라고 전달되기도 한다.

전문 체육인들을 만나보면 우리와 너무나 달라 보이고 대단할 일을 할 수 있는 능력이 우리보다 훨씬 많아 보인다. 이들은 우리에게 감동을 주지만 우리의 행동을 변화시키는 종류의 감동은 아니다. 그런데 이들이 지역사회에서 다른 이들을 돕는 모습을 보면 닮고 싶다고 생각하게 된다.

우리 자녀들도 마찬가지다. 어렸을 때는 빙빙 돌리고 쌀자루처럼 번쩍 들어주는 아빠를 세상에서 가장 힘센 사람으로 여기며 즐거워한다. 하지만 이들에게 진정한 안정감을 주는 힘은 폭 감싸 안아주거나 큰 잘못을 저질렀을 때 차분하게 타이를 수 있는 부드러움을 느끼는 순간에 발견된다. 이런 순간들 속에 진정한 힘이 숨겨져 있다.

▎너는 힘써 대장부가 되고 | 열왕기상 2:2

진정한 기개

**용맹은 겁에 질려 반쯤 죽을 것 같을 때도
올바로 행할 수 있는 능력이다.** | 오마 브래들리

우리 자녀는 용기가 겁내지 않는 것이라고 생각할지 모른다. 하지만 모든 사람이 겁을 먹는다는 사실을 아이 방의 등을 끄고 곁에 앉아서 말해주라. 용기는 두려워하지 않는 것이 아니라 옳은 일을 하는 것이다. 하나님을 볼 수 없어도, 하나님이 바로 그 자리에 계신다고 신뢰하며, 하나님이 우리를 돌보시며, 항상 옳은 일을 할 수 있도록 도우실 것을 신뢰하는 것이 용기다.

하나님이 언제 어디서나 우리와 함께하신다는 믿음으로 행하는 데는 여전히 용기가 필요하지만, 우리에게 모든 것이 달린 상황에서 요구되는 그런 용기가 아니다. 바로 앞에 선 모세로부터, 물맷돌을 집어 든 다윗, 그리고 십자가를 지신 예수님에 이르기까지 성경은 하나님이 뒷일을 책임져 주실 것이라고 신뢰했던 사람들로 가득하다. 당신의 자녀에게 당신이 뒷일을 책임져준다는 사실을 확실히 알리고, 무슨 일이 있어도 하나님이 우리 모두와 함께하신다는 사실을 확실히 알려주라.

> 깨어 믿음에 굳게 서서 남자답게 강건하라 너희 모든 일을 사랑으로 행하라 | 고린도전서 16:13-14

아프도록 주라

> 나는 우리 아버지가 사시듯 살려고 노력한다.
> 아버지는 항상 모든 사람을 최우선으로 살피신다. 다른 가족들이
> 모두 먹기 시작하기 전에는 드시지도 않는다. | 벤 로슬리스버거

자녀를 살리기 위해 자신의 목숨을 내어주지 않을 아빠는 드물다. 하지만 아버지로서 우리의 생명만큼 소중한 것을 희생해야 한다. 바로 시간이다. 낮잠은 호사가 되고 어쩌다 자게 돼도 번번이 누가 깨워서 일어난다. TV 앞에서의 혼자만의 시간이 가족의 시간으로 대체되고 연습과 경기, 공연과 약속을 쫓아다니느라 분주하다. 재충전의 의미를 다시 생각하게 되고 막간에 재충전의 시간을 끼워 넣는 법을 터득하게 된다.

하지만 이런 희생을 하면서 한 가지를 기억하라. 사랑의 마음으로 이런 희생을 하면, 하나님이 이 모든 희생을 보시고 자녀가 잘 자라는 모습을 보는 만족감으로 우리에게 상 주실 것이다.

> 그러므로 형제들아 내가 하나님의 모든 자비하심으로 너희를 권하노니 너희 몸을 하나님이 기뻐하시는 거룩한 산 제물로 드리라 이는 너희가 드릴 영적 예배니라 | 로마서 12:1

안전하고 건강하게

**십자가에 달리신 예수 그리스도 안에 피할 곳이 있다.
그 안에 안전함이 있다. 안식처가 있다. 또한, 우리 죄를 대속하는 십자가의
그늘 아래 거할 때, 죄의 모든 능력이 우리에게 미치지 못한다.** | A. C. 딕슨

하나님은 이스라엘 백성에게 약속의 땅에서 지키시고 공급하시겠다고 약속하셨고 이들이 하나님과 그분의 길에 순종하기로 선택하면 스트레스와 절망에서 안식하게 하겠다고 약속하셨다.

아버지가 해야 하는 정말 중요한 일은 가족에게 안정감을 주는 것이다. 물리적인 방법으로도 줄 수 있지만, 아빠의 임무는 물리적인 안정감에 국한되지 않는다. 가족에게 진정한 안정감을 주기 위해서는 예수님을 우리의 피난처로 삼아야 한다. 꺼야 할 불이 없을 때도 여전히 기도와 말씀 속에서 주님을 구하는가?

우리가 예수님 안에서 안식하는 모습을 보여주고, 하나님을 일상 속에 모시고, 가족도 그렇게 하도록 이끌 때, 우리 가족은 평안과 쉼을 누릴 것이다. 상황이 어려워질 때도 하나님의 평안과 안정감 속에 잘 단련이 되어있을 것이다.

> **네가 희망이 있으므로 안전할 것이며 두루 살펴보고 평안히 쉬리라** |
> 욥기 11:18

전략세션 1 : 정답과 오답

영적 리더십

**아버지는 자녀에게 하나님에 관해 이야기하기 전에
반드시 하나님께 자신의 자녀에 관해 이야기해야 한다.** | 에드윈 루이스 콜

하나님은 우리에게 가정의 영적 리더라는 책임을 부여하셨다. 어떻게 해야 할까? 문화를 거스르고 하나님과 그분의 진리를 향해 나아가야 한다. 성경은 우리와 우리 가정을 향한 하나님의 설계와 계획으로 가득하다. 우리가 기도와 말씀 연구에 열심을 쏟는 매 순간이 우리의 기름통을 채우고 어떤 상황이 닥치든 대처할 수 있도록 준비시켜준다.

예수 그리스도는 영적 리더십의 최고봉이다. 예수님은 뒷짐 지고 앉아 명령만 하시지 않으셨다. 일상 속에 뛰어들어 손에 흙을 묻히셨고 겸손하게 하나님과 그분의 방법을 인정하며 일상 속에 피땀을 흘리셨다. 그 결과로 사람들은 따라야 해서가 아니라 따르고 싶어서 예수님을 따랐다. 한 마디로 아빠는 이래야 한다. 이런 본을 보이면 자녀들이 하나님을 향한 우리의 정직함을 결코 부인하지 못할 것이다.

| 너는 진리의 말씀을 옳게 분별하며 부끄러울 것이 없는 일꾼으로 인정된 자로 자신을 하나님 앞에 드리기를 힘쓰라 | 디모데후서 2:15

진리를 전달하라

**진리를 길잡이로 삼고 임무를 목적으로 삼은 자는
자신을 바르게 인도하실 하나님의 섭리를 안전하게 신뢰할 것이다.**
| 블레즈 파스칼

아빠로서 우리는 진리를 찾는데 어마어마한 시간을 보내게 된다. 처음에는 대체 어디서 냄새가 나는지 찾거나 차 뒷좌석에서 누가 누구를 건드렸는지 찾는 정도로 간단하게 시작된다. 하지만 아이가 사춘기를 지나면서 "아뇨"와 "괜찮아요" 같은 엄청난 함의를 담은 발언의 의미를 분석하게 되면서 난이도가 올라간다. 탐정이 할 법한 이런 작업의 상당 부분은 실용적 진리를 찾는 것이지만, 이를 뒷받침하는 또 다른 범주의 진리가 있다. 바로 인격적 진리다.

그 때문에 아빠로서 우리는 하나님의 진리만이 참으로 인격적임을 보여줘야 한다. 하나님의 진리는 하나님의 변치 않는 성품에 기초한 기준을 제시할 뿐 아니라 하나님의 놀라운 면모를 드러낸다. 하나님은 하나님이 진리로 주신 말씀에 기초해 살아가는 모든 이들을 인도하시고 보호하신다. 이는 우리에게도, 또한 우리 자녀에게도 위안이 되는 진리이며 우리 자녀들을 거짓 속에 침몰시키려고 달려드는 문화적 폭풍 속에 깊은 안정감을 주는 진리이다.

▎ **내 백성이여, 내 율법을 들으며 내 입의 말에 귀를 기울일지어다** | 시편 78:1

전략세션 1 : 정답과 오답

진정한 적을 알라

**내가 사탄이 존재한다고 믿는 이유는 두 가지다.
첫째로 성경이 그렇게 말씀하기 때문이고, 둘째로는 내가 사탄과
이미 볼일을 끝냈기 때문이다. | 드와이트 L. 무디**

자녀를 키우고 문제와 갈등이 끊이지 않는 상황 속에서 너무나 쉽게 자녀를 적으로 인식하게 된다. 이런 좋지 않은 순간에 몇 가지를 기억하라. 첫째, 때로는 우리가 가장 사랑하는 사람을 가장 싫어하는 것은 정상적이다. 둘째, 우리와 자녀는 사실 서로의 적이 아니다.

인류의 진정한 적은 걸음마장이나 사춘기 청소년이 아닌 창조주를 거스르고 쿠데타를 일으켜 쫓겨난 타락한 천사다. 하지만 예수님으로 인해 우리는 하나님이 그를 적시에 벌하실 것이며, 그때까지 그와의 싸움에서 이기도록 우리를 도우실 것임을 안다. 모든 문제는 죄와 육신 때문에 발생하지만, 그리스도의 보혈은 우리를 깨끗하게 하며 성령님이 우리를 경건한 삶으로 인도하신다.

> 하나님을 아는 것을 대적하여 높아진 것을 다 무너뜨리고 모든 생각을 사로잡아 그리스도에게 복종하게 하니 | 고린도후서 10:5

아빠의 볼링 조언

입술보다 삶으로 더 나은 설교를 할 수 있다. | 올리버 골드스미스

아이들이 곁에 있는지 모르고 있는 순간에도 아이들은 우리를 지켜보고 있다. 교회 주차장에서 누군가에게 새치기를 당할 때, 엄마가 저녁 반찬을 다 태워버렸을 때, 아이들이 우리를 실망시켰을 때에 아이들은 우리가 어떤 반응을 보이는지 지켜보고 있다.

우리는 모두 그릇과 같아서 날마다 우리 생각으로 가득 채워져서 결국은 흘러넘치거나, 부딪혀 깨지고 쏟아지거나 둘 중 하나다. 분노와 앙심에 마음의 자리를 내주면 결국 분노와 앙심이 흘러넘치고 우리 자녀들은 하나님에 대한 우리의 말과 착하게 살라는 우리의 모든 얘기에도 불구하고 그 모습을 기억할 것이다. 우리가 실망하거나 상처받았을 때 나오는 행동이 우리가 어떤 사람인지 말해주기 때문이다.

당신을 하나님의 말씀으로 채워 하나님이 기뻐하시는 행동으로 결실하게 하라. 그럴 때 당신에게서 흘러나온 사랑과 은혜가 당신 자녀의 삶으로 흘러 들어가고 자녀의 마음으로 흘러갈 것이다.

> **자유롭게 하는 온전한 율법을 들여다보고 있는 자는 듣고 잊어버리는 자가 아니요 실천하는 자니 이 사람은 그 행하는 일에 복을 받으리라** | 야고보서 1:25

세션 1 매뉴얼

하나님을
알고 따르는 것

GOD'S PLAYBOOK FOR DADS

무엇을 위해 사는가?

**예수님이 마음 가장 깊은 곳에 품으신 열정은 사람의
구원이 아닌 하나님의 영광이었다. 그 다음이 영혼 구원이었다.
그것이 하나님께 영광이 되기 때문이다.** | G. 캠벨 모건

우리 모두는 삶의 의미를 갈구한다. 하지만 하나님이 우리를 그분의 영광과 기쁨을 위해 지으셨다는 사실을 아는 사람은 거의 없다. 대부분은 종교가 사람을 위해 존재하며 죄책감을 움직여 착한 사람으로 만들어주는 것이 종교의 목적이라고 생각한다.

사실 죄책감도 쓸모가 있다. 우리를 용서하기 원하시는 하나님께로 돌아가게 해주는 것이 죄책감의 용도다. 하지만 죄책감이 우리 삶의 동력이 되어서는 안 된다. 하나님은 종교가 아닌 관계를 지향하신다. 하나님은 우리를 위해 풍성한 삶, 예상치 못한 굴곡과 부침, 모험으로 가득한 삶, 단순한 일상 속에 파도를 거스르며 헤엄치는 용기 있는 탐험의 삶을 예비해 두셨다.

무엇보다 하나님은 그분의 영광을 위해 우리를 구원하셨기 때문에 우리는 이제 그분의 권위와 능력 아래 살아간다. 세상의 기대와 제약이 그분의 약속과 그의 영으로 그리스도께 닻을 내린 우리를 옭아매지 못한다. 이보다 더 가치 있는 삶의 목적은 없다.

> 여호와여 주는 나의 하나님이시라 내가 주를 높이고 주의 이름을 찬송하오리니 주는 기사를 옛적에 정하신 뜻대로 성실함과 진실함으로 행하셨음이라 | 이사야 25:1

세 개의 못의 능력

> 그분의 얼굴을 바라보며 "예, 주님, 어떤 값이든 치르겠습니다."라고 말하는 그 순간, 그분은 당신의 삶을 그분의 공급하심과 능력으로 가득 채우실 것이다. | 앨런 레드패스

신앙생활은 은혜와 순종의 결합 위에 세워진다. 이 둘은 취사선택이 아니라 '예'하고 하나가 되어야 한다. 우리는 은혜로 구원받았다. 예수님이 아니고는 하나님께 갈 수 있는 길이 없으며, 하나님의 은총을 받기 위해 우리가 할 수 있는 일은 하나도 없다. 하지만 천국에 가는 길에 발을 디딘 이후로는 하나님께 순종함으로 하나님의 은혜에 반응해야 한다. 구원받기 위한 순종이 아니라 이미 구원받았기 때문에 순종하는 것이다. 우리 자신을 십자가에 못 박기 위한 시도에서 비롯된 순종이 아니라, 예수님이 십자가에서 행하신 일에 대한 감사에서 비롯된 순종이다.

예수님을 십자가에 매달았던 세 개의 못은 우리를 죽음의 발톱에서 건져내기에 충분하고, 빈 무덤은 우리가 예수님의 능력 안에서 그의 영으로 충만하여 그가 행하신 모든 일에 믿음에 힘입어 살아갈 수 있도록 하기에 족하다.

> 오직 너희를 부르신 거룩한 이처럼 너희도 모든 행실에 거룩한 자가 되라 | 베드로전서 1:15

하나님을 기억하라

우리에게는 불가능을 기뻐하시는 하나님이 있다. | 빌리 선데이

아빠가 되면 부모님이 왜 항상 깜박깜박하셨는지 이해된다. 분명 망각은 어느 정도의 움직임과 고함과 끈적거림의 광풍을 창조하며, 온 집을 사방팔방 뛰어다니는 정신없고 냄새나는 작은 인간이 하나 이상 생겼을 때의 부산물일 것이다.

정신이 하나도 없는 그런 순간에 하나님을 기억하고 하나님과의 관계를 유지하기 위해 노력해야 한다는 것은 쉽사리 기억나지 않는다. 하지만 그런 상태로 자신을 내버려 둬서는 안 된다. 순종의 문제이기 때문이다.

하나님은 이스라엘 백성이 일을 멈추고 가정을 위한 시간을 내고 하나님의 말씀과 길을 묵상하는 날로 안식일을 지정하셨다. 하나님은 우리가 모든 것을 멈추고 깊이 생각해볼 만한 가치가 충분한 분이다. 하나님은 당신을 찾고 계신다. 하나님은 당신이 하루라도 잠시 멈춰서 장미꽃 향기를 맡지 못한다면, 삶의 늪에서 헤어 나오지 못할 것이라는 사실을 알고 계신다. 의도적으로 가족과 함께할 시간을 구별하여 하나님이 누구신지, 그리고 그분이 당신을 위해 행하신 모든 일을 기억하라.

> **곧 여호와의 일들을 기억하며 주께서 옛적에 행하신 기이한 일을 기억하리이다** | 시편 77:11

주파수 맞추기

> 하나님께 귀를 기울이는 것이 하나님께 우리의 생각을
> 알려드리는 것보다 훨씬 더 중요하다. | 프랭크 로바크

다른 모든 것을 차단하고 하나님께 귀를 기울이는 시간을 따로내지 않으면 삶의 소음에 귀가 멀고 말 것이다. 하지만 하나님과의 시간을 대화의 시간, 성령님과 소통하는 시간으로 삼는다면, 분유를 더 달라고 고래고래 소리 지르는 두 살배기 앞에서 당신이 얼마나 형편없는 아빠인지 아냐며 우리 귀에 거짓말을 속삭이는 사탄의 소리가 아니라 하나님이 이를 통해 무슨 말씀을 하시는지 알게 될 것이다.

아이의 낮잠 시간이든 축구 연습 시간이든 조용한 곳에 잠시 머물며 성경을 펼쳐라. 하나님께 말씀을 통해 당신을 위해 예비하신 것을 보여주시기를 구하라. 질문하고 하나님의 답을 기다려라.

말씀을 통해 하나님을 더 잘 알수록 당신의 마음속에서, 말씀 속에서, 아이들 안에서, 찬양 속에서, 잠시 멈춰 하나님의 조언을 구해야 하는 일상의 경험들 속에서, 그분의 음성을 더 잘 듣게 될 것이다.

> 아침에 나로 하여금 주의 인자한 말씀을 듣게 하소서 내가 주를 의뢰함이니이다 내가 다닐 길을 알게 하소서 내가 내 영혼을 주께 드림이니이다 | 시편 143:8

앎이 있고 그 후에 앎이 있다

하나님을 아는 데서 시작하지 않는 지식은 없다. | 존 칼빈

우리는 하나님이 원하시는 방식대로 일하시도록 하지 않고, 우리가 원하는 방식대로 일하시길 원한다. 하지만 이런 생각은 바로 잡을 수 있다. 성경이 이야기하는 하나님을 아는 지식은 하나님을 더 깊이 아는 지식이다. 우리가 생각하는 하나님이 아닌 하나님이 말씀하시는 하나님을 아는 지식이다.

자녀 양육도 마찬가지다. 우리는 아이에서 무슨 일이 일어나고 있는지를 살피기보다는, 변화를 거부하고 할 일을 제때 마치지 않는 큰아이를 겨냥한다. 어느 순간 아이가 무슨 생각을 하고 있는지 알려고 하기보다는 자녀에 대한 피상적 지식에 안주한다.

하나님을 더 알도록 도와달라고 구하면서 자녀를 더욱 더 깊이 알게 해달라고 구하라. 이것이 예수님이 이 땅에 오신 이유이기도 하다.

> **영생은 곧 유일하신 참 하나님과 그가 보내신 자 예수 그리스도를 아는 것이니이다** | 요한복음 17:3

최고의 선을 추구하라

> 사랑은 인류 생존의 기초다.
> 미워하는 자는 하나님을 알지 못하는 자다.
> 사랑은 하나 되게 하는 삶의 최상의 원칙이다. | 마틴 루터 킹 주니어

하나님의 사랑이 예수님의 손과 발이 되어 용서라는 당신의 가장 큰 필요를 채우셨다. 그리고 하나님과의 친밀한 관계를 가능케 하기 위해 필요한 일을 행했다. 하나님은 우리가 자녀에게 원하는 바로 그것을 우리에게 원하신다. 우리가 그분의 사랑에 사랑으로 답하기를 바라신다.

하지만 완전하시고 온전하신 하나님, 우리가 가진 무엇도 필요치 않으시면서 여전히 우리의 사랑을 바라시는 그분을 어떻게 사랑할 수 있을까? 한마디로 순종하면 된다. 예수님은 그 순종이 어떤 모습을 띠는지 말씀해주셨다. 우리의 전 존재, 마음과 생각과 생명을 다해 사랑하는 것이다.

하나님은 우리의 열정과 목적, 최고의 시간과 재능과 보물, 그리고 최고의 난제를 원하신다. 하나님은 관계를 원하신다. 우리가 관계를 위해 힘쓸 때 만족감을 얻게 될 뿐 아니라 하나님의 사랑이 우리를 통해 우리 가정으로 흘러갈 것이다.

> 네 마음을 다하고 목숨을 다하고 뜻을 다하여 주 너의 하나님을 사랑하라 하셨으니 이것이 크고 첫째 되는 계명이요 | 마태복음 22:37-38

전략
세션

2

리스크 관리

GOD'S PLAYBOOK FOR DADS

어려운 일에는 바른 일로 대처하라

> 우리에게 필요한 것은 조명이 아닌 불이다.
> 보슬비가 아닌 천둥이다.
> 우리에게는 폭풍이, 광풍이, 지진이 필요하다.
> | 프레드릭 더글러스

자녀를 사랑하고 아끼지만, 자녀가 기대에 미치지 못하거나 질병이나 사고, 정서적 위기나 트라우마, 신앙으로부터의 도피 등 우리가 '결코' 예상하지 못했던 상황이 펼쳐지기도 한다.

이럴 때 하나님은 어디에 계시는지 자연스레 의문이 든다. 하지만 하나님의 목적은 이 어려운 순간에도 여전히 그 자리에 있다. 어쩌면 즐겁고 좋을 때보다 더욱더 그곳에 함께 하시는지도 모른다.

엘리야가 바알의 선지자들을 물리치고 숨어 자신의 삶에 절망하고 있을 때 광풍이 불고 지진이 나고 큰불이 지나갔지만, 하나님은 거기 계시지 않았다. 하나님은 상처받고 두려움에 떠는 하나님의 선지자에게 세미한 소리, 속삭임으로 찾아오셔서 '모든 일에서' 그분이 여전히 하나님이시며 여전히 주도권을 가지고 계심을 일깨워 주셨다. 때로는 어려움이 닥쳐야 비로소 이 사실을 깨닫고 범사에 그분을 의지하겠다는 결단을 내린다.

> | 세상에서는 너희가 환난을 당하나 담대하라 내가 세상을 이기었노라 |
> 요한복음 16:33

자유로운 삶

> 돈이 필요하지 않은 것처럼 일하라.
> 한 번도 상처받지 않은 것처럼 사랑하라.
> 아무도 보고 있지 않은 것처럼 춤추라.
> | 사첼 페이지

무엇에 온전히 헌신하고 있는가? 당신의 불변 대상은 무엇인가? 당신의 일, 가정, 건강, 모두 중요하지만, 당신의 물리적, 경제적 환경은 하룻밤 사이에 바뀔 수 있다.

원칙에도 주의하라. 정직과 정의를 지키겠다는 결단은 좋지만, 그 자체가 순식간에 우상이 될 수도 있다. 가정도 마찬가지다. 하나님이 생육하고 번성하고 하나님의 방법으로 자녀를 양육하며 자녀들에게 희생하는 사랑을 부어주라고 말씀하셨지만, 아빠가 되기 위해 필요한 헌신과 결단이 하나님을 가리는 순간 삶의 첫 자리를 점령할 수 있다.

어떠한 조건이나 반박도 없이 하나님이 우리의 최우선 순위가 되어야 한다. 하나님을 기쁘시게 하는 삶을 최우선으로 삼고 최선을 다하기로 결단하게 되면, 비로소 모든 선한 것들이 눈에 보이게 된다. 하나님과 같이 사랑할 자유는 무엇보다 하나님을 사랑하는 법을 배울 때 주어진다.

> 그런즉 너희의 마음을 우리 하나님 여호와께 온전히 바쳐 완전하게 하여 오늘과 같이 그의 법도를 행하며 그의 계명을 지킬지어다 | 열왕기상 8:61

필요한 것은 이미 주어져 있다

> 우리는 이기적으로 비치거나, 별 볼 일 없어 보이거나,
> 자아도취에 빠진 사람처럼 보일까 봐 도움을 청하기를 두려워한다.
> 하지만 내가 믿는 하나님은, 도와주시기 위해 계신 분이다.
> 우리를 도와주시는 것이 그분의 일이다. | 앤 라모트

예수님을 구세주로 영접한 때를 기억할 것이다. 하지만 성령님이 지금 당신 안에 거하시며, 당신을 하나님의 진리 가운데로 인도하시고 이끄신다는 사실을 처음 깨달았을 때에 당신이 어떤 반응을 보였는지 기억하는가?

이 진리에 깊이 잠겨보자. 하나님은 당신 안에 거하신다. 당신에게 "이 사람은 내 것이다. 내 능력이 그의 안에 있다"고 적힌 이름표를 붙여주신 것이나 마찬가지다. 당신에게는 당신을 위해 기록된 하나님의 말씀과 진리인 성경도 있다. 하나님은 당신과 같은 생각을 하는 사람들과의 관계를 공급해주시기 위해 교회도 지으셨다. 우리가 가장 활용을 못 하고 있는 자원은 아마도 기도일 것이다. 하나님께 이야기하면, 들으시고 응답해 주심을 알 수 있다. 마지막으로 당신에게는 복음을 나누고 그 능력과 빛으로 살아가라는 삶의 사명이 주어졌다.

어떻게 경건한 자녀를 양육할 수 있을지 의문이 든다면 이미 가진 자원을 살펴보며 답을 찾으라.

▎네 길을 여호와께 맡기라 그를 의지하면 그가 이루시고 | 시편 37:5

전략세션 2 : 리스크 관리

영향력 = 리더십

적대감을 일으키면서 동시에 영향력을 끼치는 것은 불가능하다. | 존 녹스

수많은 리더십 서적과 컨설턴트들이 진정한 리더십의 필요성과 결여를 다룬다. 감사하게도 우리에게는 궁극적 리더의 본이 되어주시는 예수님이 있다. 오직 예수님만이 보스 카드를 가지고 모두에게 순종과 준행을 요구하실 수 있었을 텐데 예수님은 다른 카드를 집어 드셨다. 바로, 영향력이라는 카드다.

우리의 모든 단점에도 불구하고 하나님은 우리와의 관계를 원하신다는 점을 분명히 밝히셨다. 또 이를 입증하기 위해 최고의 사절단인 그분의 아들에게 돕고, 치유하고, 가르치는 사역을 맡기시고, 여기에 이 관계를 가능케 하는 희생을 얹어 이 땅에 보내셨다.

예수님의 본은 직장에서든, 교회에서든, 가정에서든, 관계에 영향력을 갖기 위해 필요한 모든 것을 보여준다. 예수님의 본은 너무나 간단하지만, 지극히 효과적이다. 바로 하나님의 인도하심을 구하고 겸손히 행하며 평화를 이루고 공의를 추구하며 정직한 조언을 주고받는 것이다. 또 역경 앞에서 친절하고 차분하다면, 사람들의 마음을 얻게 된다. 이 모든 것은 사람들로 하여금 우리를 기꺼이 따르고 싶은 리더로 만든다.

너희 중에 누구든지 크고자 하는 자는 너희를 섬기는 자가 되고 너희 중에 누구든지 으뜸이 되고자 하는 자는 모든 사람의 종이 되어야 하리라 | 마가복음 10:43-44

말에게 물 먹이기

> 하나님이 교회와 시대에 주시는 가장 큰 선물은
> 하나님의 뜻을 체화하여 살아가며 은혜를 통해 일어날 역사를 굳게 믿어
> 주위 사람들에게 감동을 주는 사람이다. | 앤드류 머레이

리더십은 능력이나 자질이 아닌 태도의 문제다. 먼저 자신을 이끌어야 한다. 자신을 이끌 수 있을 때 다른 사람들도 이끌 수 있다. 이것이 작은 것에 충성하면 하나님이 더 큰 것으로 맡기신다는 성경의 원칙이다.

기억하라! 리더십의 핵심은 사람들 위에 군림하는 것이 아니라 영향력이다. 자녀의 최선을 고양하기 위한 우리의 모든 노력과 행동이 영향력을 배양한다.

영향력이 있으면 자녀의 잘못을 꾸짖어도 자녀는 우리가 가리키는 방향으로 기꺼이 가고자 한다. 자녀는 우리가 자신을 위한다는 사실을 알 것이다. 그리고 우리가 우리에게 영향을 끼치시는 예수님을 가리킨다면 자녀의 영생 지평에 긍정적인 지표를 남기게 될 것이다.

> 내게 주신 은혜로 말미암아 너희 각 사람에게 말하노니 마땅히 생각할 그 이상의 생각을 품지 말고 오직 하나님께서 각 사람에게 나누어 주신 믿음의 분량대로 지혜롭게 생각하라 | 로마서 12:3

승인의 직인

> 그리스도의 영은… 그리스도의 몸을 채우고, 움직임을 지시하며, 지체를 제어하고, 지혜를 불어넣고, 힘을 공급한다. 진리로 인도하고 섬기는 자들을 거룩하게 하고 증거에 능력을 부여한다. | 사무엘 채드윅

세상이 급속도로 망가지고 있다고 생각하는가? 맞다. 경건한 자녀로 키우기가 어느 때보다 힘들다고 생각하는가? 역시 맞다. 하지만 그래서 어떻단 말인가? 하나님이 변하셨는가? 예수님이 운전대를 놓으셨는가? 아니면 성령님의 존재감이 감소했는가? 아니다, 아니다, 아니다.

여전히 "모든 주권"이 하나님께 있고 하나님이 그 주권을 그분의 아들이자 몸된 교회의 지체인 우리에게 주셨다. 하나님이 모든 것을 지으셨고 피조물 속에 우리의 역할을 예비하셨다.

우리는 리더이자, 희망을 전하는 자, 화평하게 하는 자, 빛을 비추는 자, 기쁨을 주는 자이다. 우리가 이 실체를 끌어안을 때 변화가 시작되고 아빠라는 최우선의 사역에 변화를 이어간다.

> 주여 내 집에 들어오심을 나는 감당하지 못하겠사오니 다만 말씀으로만 하옵소서 그러면 내 하인이 낫겠사옵나이다 나도 남의 수하에 있는 사람이요 내 아래에도 군사가 있으니 이더러 가라 하면 가고 저더러 오라 하면 오고 내 종더러 이것을 하라 하면 하나이다 | 마태복음 8:8-9

연락 이어가기

**하나님을 향한 우리 사랑의 지표는 타인과의
일상적 교제와 그를 통해 나타나는 사랑이다.** | 앤드류 머레이

바울은 믿음 안에서 다른 이들을 격려하며 우리가 "모이기를 폐하는 어떤 사람들의 습관과 같이 하지 말고 오직 권하여"야 한다고 기록한다(히 10:25).

예수님을 영화롭게 하려는 하나님의 계획에는 교회와의 교제가 포함된다. 이는 복음을 세상에 전파하려는 하나님의 큰 그림 중 한 부분이다. 이 계획은 교회처럼 크고 다양하며 널리 퍼져 있는 집단을 통해서만 달성될 수 있고 당신이 그 계획의 한 부분을 담당해야 한다.

교제는 각 크리스천을 향한 하나님의 보다 개인적인 그림의 한 부분이기도 하다. 하나님은 우리가 배우고 성장하며 다른 이들도 배우고 성장하도록 도울 수 있는 곳에 우리를 두신다.

가정도 마찬가지다. 하나님은 우리 가족 한 사람 한 사람을 향한 계획이 있으시지만, 가족 전체를 향한 계획도 세워 두셨다. 두 가지 모두 우리의 유익과 하나님의 영광을 위해 설계된 계획이다. 자녀가 교회의 진정한 지체가 되고 소그룹 모임의 온전한 구성원이 되게 하면 자녀도 이 사역에 동참하게 된다.

> **그가 빛 가운데 계신 것 같이 우리도 빛 가운데 행하면 우리가 서로 사귐이 있고 그 아들 예수의 피가 우리를 모든 죄에서 깨끗하게 하실 것이요** | 요한1서 1:7

돌아보지 않기

**현생의 것들은 즉시성을 무기로 사람들의 눈을
거짓된 배율로 확대해서 보여준다. | 윌리암 윌버포스**

우선순위를 설정할 때 자문해보라. '하나님의 우선순위에 대해 내가 아는 진리와 가장 잘 맞는 우선순위는 무엇인가?' 예수님은 제자로의 부르심을 거절한 몇몇 사람에게 몇 가지 예를 들어 말씀하시며 누구든지 다른 사람을 예수님보다 우선시하면 하나님 나라에 자리에 없다고 말씀하셨다(눅 9:57-62). 가정을 이루거나 사랑하는 사람의 장례를 치르는 것이 나쁘다는 말씀이 아니다. 다만, 그 모든 것이 예수님을 따르는 일을 미루기 위한 변명이 되어서는 안 된다.

하나님의 우선순위를 파악하기 위해서는 먼저 하나님을 우선시해야 한다. 다음으로는 우리가 하려는 일이 우리의 뜻인지, 아니면 하나님의 뜻인지를 파악해야 한다. 관계를 중시하고 하나님의 궁극적 영광을 원동력으로 삼으며 하나님 나라를 우선시하면 무엇을 해야 하는지가 보다 명확하게 보일 것이다. 그렇게 하라. 하나님을 존귀하게 여기는 자를 존귀하게 여기실 하나님을 신뢰하라.

> 예수께서 이르시되 손에 쟁기를 잡고 뒤를 돌아보는 자는 하나님의 나라에 합당하지 아니하니라 하시니라 | 누가복음 9:62

시간 싱크대 물 빼기

**하릴없이 시간을 보내는 동안에는
부활이 없다는 점을 기억하라. | A. W. 토저**

시간 싱크대란 하고 싶지 않은 일을 미루는 것 외에 진정한 유익이 없이 시간을 잡아먹는 것을 의미한다. 아담이 뱀에게 아내 근처에는 얼씬도 하지 말고 썩 꺼지라는 말을 하지 않고 미적미적 대던 때로 거슬러 올라가는 유구한 개념을 표현하는 새로운 용어다.

요즘은 해야 할 일을 미룰 기회가 넘쳐난다. 읽어야 할 이메일은 항상 쌓여있고 게임도 끝내야 하고 앱도 확인해봐야 한다. 분주한 하루를 보내고 재충전의 시간을 갖는 것은 일해야 할 때 핸드폰을 손에서 놓지 않고 있거나, 아내가 저녁 준비를 위해 일손이 필요하다고 하고 아이가 과학 발표회 과제를 어떻게 해야 할지 몰라 막막해 하고 있는데 비디오 게임을 하는 것과는 완전히 다르다.

우리가 해야 하는 일은 우리가 하고 싶은 일만큼 재미있지 않다. 당신에게서 모든 재미를 차단하지 마라. 하지만 식사 시간에 당신이 아이에게 했던 말을 기억하라. 케이크를 밥보다 먼저 먹는 날은 생일뿐이다.

> **우리에게 우리 날 계수함을 가르치사 지혜로운 마음을 얻게 하소서** |
> 시편 90:12

스트레스를 받았다면? 위를 보라!

**한 시간을 불안해 한들 우리의 환경을 바꿀 수 없지만
1분만 기도해도 모든 것이 달라질 수 있다. | 앨 브라이언트**

아빠가 된다는 것은 멋진 일이다. 하지만, 솔직히 자녀 양육은 스트레스를 받는 일이기도 하다. 그렇다면 하나님은 어떤 도움을 주실 수 있을까? 답이 너무나 명명백백한 것 같지만 검증을 거친 진리다.

무엇보다 기도하라. 하나님께 어떤 상황이 벌어지고 있는지 얘기할 수 있을 뿐 아니라 폭탄 맞은 것 같은 일상에서 찬양받기 합당하신 하나님께로 관심을 전환할 수 있다. 경배를 통해서도 긴장감을 낮출 수 있다. 하나님의 생각 속으로 들어가게 해 주는 음악을 틀라. 찬양을 따라 부르거나 찬양에 잠기라. 하나님을 경배할 때는 맥을 놓고 있기가 힘들다.

도움을 청하는 것도 괜찮다. 하나님께 무엇이든 언제든 도움을 청하라. 하지만 그러고 나서는 너덜너덜해진 자아를 추스르고 가족과 친구, 그리고 동료들에게 도움을 청하라. 고립을 피할 때 기적이 일어난다. "너 같은 멍청이만 이런 일을 겪는 거야"라는 사탄의 최고 전략을 일거에 처낼 수 있기 때문이다. 기억하라. 하나님은 우리에게 근심과 걱정을 주지 않으신다. 오히려 근심과 걱정을 가져가신다. 하나님의 말씀을 읽을 때 이 진리를 잘 기억하게 된다.

> **인내를 온전히 이루라 이는 너희로 온전하고 구비하여 조금도 부족함이 없게 하려 함이라** | 야고보서 1:4

나 자신의 끝

> 한낮에 별을 보려면 우물 바닥으로 내려가야 하듯이 진리를 이해하기 위해서는 고통의 바닥까지 가라앉아야 할 때도 있다. | 바츨라프 하벨

때로는 삶이 우리를 공격한다. 어느 부모나 그런 경험을 한다. 이 땅에서의 삶은 엉망진창이기 마련이다. 문제는 어떻게 반응하느냐이다. 기진맥진한 상태에서 움직이지 못하고 쓴 뿌리나 분노의 폭발로 바뀌기 시작하면 경고등에 불이 들어온 것이다. 개인적인 도움이든 전문적인 도움이든 반드시 도움을 청해 이 시기를 지날 수 있어야 한다. 하지만 낙심의 단계에 이르게 된 영적 원인이 있을 수도 있다. 이는, 자신의 힘으로 움직여왔기 때문일 것이다.

하나님의 주권을 인정하는 삶을 살았지만, 지금은 자신의 힘으로 하려는 쿠데타를 시도하고 있음을 깨닫기는 쉽지 않다. 자족으로 위장하는 때도 많다. 하지만 실은 하나님으로부터의 독립을 꾀한 것에 불과하다. 오랜 기간 독립을 주장하면 하나님이 독립시켜 주실 것이다. 다만 실패의 잔해와 흙먼지 속에서 하나님을 더욱 또렷하게 보여주실 것이다.

> 피곤한 자에게는 능력을 주시며 무능한 자에게는 힘을 더하시나니 |
> 이사야 40:29

세션 2 매뉴얼

영적
리스크 평가

GOD'S PLAYBOOK FOR DADS

바람은 전략이 아니다

> 우리의 목표는 우리가 열렬히 믿고
> 격정적으로 실행해야 할 계획이라는 수단을 통해서만 달성된다.
> 성공에 이르는 다른 길은 없다. | 파블로 피카소

"준비에 실패하면 실패를 준비하게 된다"는 한 감독의 말처럼 부모가 되면 아이가 태어나기 전에는 상상도 하지 못했던 방식으로 상황이 복잡해진다.

일상에서 현명한 결정을 내리는 것은 우연의 산물이 아니며 일이 잘 풀리기를 바라기만 한다고 도움이 되지도 않는다. 바람은 전략이 아니다. 무엇을 성취하고자 하는지 생각하고 계획을 세우라. 계획을 너무 복잡하게 세우지 말라. 완벽주의에 사로잡혀 옴짝달싹하지 못 하는 일이 없도록 완벽주의적 성향에 맞서라.

당신이 취할 수 있는 한 가지 집중된 행동을 생각해보라. 가족과의 시간이 우선순위라면 한주에 하루 한 시간부터 시작하라. 묵상이 우선순위라면 주중에는 매일 15분의 시간을 내라. 단순하고 실행 가능한 계획을 실행하라. 목표는 예수님 안에 거함으로 그분의 인도하심을 따를 만큼 예수님을 잘 아는 것이다.

> 너희 중에 누가 망대를 세우고자 할진대 자기의 가진 것이 준공하기까지에 족할는지 먼저 앉아 그 비용을 계산하지 아니하겠느냐 | 누가복음 14:28

자신의 강점을 찾으라

> 우리는 멈춰서 두려움을 정면으로 응시하는 경험을 통해 힘과 용기와 자신감을 얻는다… 도저히 할 수 없을 것 같은 바로 그 일을 해야 한다. | 엘러너 루즈벨트

우리 마음의 소리는 우리 단점을 자꾸만 상기시킨다. 날마다 우리 생각에 떠오르는 말들을 기록해서 읽어본다면 학교폭력 가해자의 대사를 방불케 할 것이다. 그런데 우리는 피해자이면서 가해자다. 이 사실을 깨닫고, 생각을 잠재우라.

인간의 약함은 하나님의 강함이 들어올 수 있도록 문을 열어준다. 하나님은 우리가 아버지로서의 부르심에 감당할 수 있도록 우리를 준비시키셨고 앞으로 계속 그렇게 하실 것이다.

자신의 강점이 무엇인지 모르겠다면 신뢰할 수 있는 누군가에게 묻거나 강점을 파악하기 위해 평가를 해보라. 자신에 대한 다른 이들의 평가를 주의해서 받아들이면서 동시에 성경을 신뢰하라. "너는 전략으로 싸우라 승리는 지략이 많음에 있느니라"(잠 24:6).

> 양들의 큰 목자이신 우리 주 예수를 영원한 언약의 피로 죽은 자 가운데서 이끌어 내신 평강의 하나님이 모든 선한 일에 너희를 온전하게 하사 자기 뜻을 행하게 하시고 그 앞에 즐거운 것을 예수 그리스도로 말미암아 우리 가운데서 이루시기를 원하노라 | 히브리서 13:20-21

강점을 주지하라

**인생이 주는 최고의 상은
가치 있는 일에 최선을 다할 기회이다.** | 시어도어 루스벨트

하나님은 좋은 것이든 나쁜 것이든 우리의 경험 중에 그 무엇도 낭비하지 않으신다. 하나님은 우리가 가능하다고 생각하는 범위를 훌쩍 넘어 우리의 경험을 사용하기를 기뻐하신다. 하나님은 실수를 만회하게 하시고 성취를 더욱 높여주실 수 있다. 하나님은 우리가 모든 영광을 차지하는 것이 불가능할 때 일하고 계시다.

어떤 안경으로 삶을 바라보는가? 악전고투 끝에 마침내 꿈을 실현해가는 자아의 안경인가? 어린 시절보다 더 좋은 조건을 만들고야 말겠다는 모든 노력이 담긴 비교의 안경인가? 두 가지 모두 제한적이나마 인상적인 성과로 귀결될 수 있다.

우리의 가장 큰 강점은 우리가 예수 그리스도께 속했다는 사실이다. 그분께 몸과 마음과 생각이 속하는 경험은 그 무엇과도 비교할 수 없는 해방의 경험이다. 우리는 세상의 기대로부터 자유하다. 하나님이 그의 나라를 지으시는 과정에 기여하며 영원까지 이어지는 유일한 노력의 목적으로 가정과 일을 누릴 자유를 우리에게 주셨다.

> 우리 가운데서 역사하시는 능력대로 우리가 구하거나 생각하는 모든 것에 더 넘치도록 능히 하실 이에게 | 에베소서 3:20

은사를 열어보라

할 수 있는 한 모든 선한 일을 하라. 반드시 하라.
모든 방법을 동원하라. 어느 자리에서나 하라. 항상 하라.
모든 사람에게 하라. 생이 다하도록 하라. | 존 웨슬리

어떤 이들은 자신에게 재능이 있다는 사실을 믿기 힘들어 한다. 하지만 어떤 이들은 실제로 가진 재능보다 자신에게 더 큰 재능이 있다고 믿는다. 하나님은 다윗의 경우처럼 대개 보이지 않는 곳에서 기름을 부으시고 공개적인 자리에서 그 사실을 확인시켜 주신다. 마찬가지로 은밀한 은사란 없다. 모든 은사가 그리스도의 몸에 복이 되기 위해 주어진다.

하나님의 팀에서 벤치만 지키는 선수는 없다. 하지만 모두가 선발로 뛰는 것도 아니다. 벤치를 지키는 것은 하나님의 경기 계획이 아니라 하나님의 목적을 위해 우리가 어떻게 섬길 수 있는지 보기를 거부한 결과다. 참여하기로 결단한 다음에는 어떻게 참여할지를 파악해야 한다.

먼저 바울이 어떤 자리에서 섬길 수 있는지를 세세히 기록한 고린도전서 12장을 읽어라. 그리고 당신이 무엇을 하기를 원하시는지 하나님께 물어라.

> 각각 은사를 받은 대로 하나님의 여러 가지 은혜를 맡은 선한 청지기 같이 서로 봉사하라 | 베드로전서 4:10

감사는 태도다

**감사는 가장 고상한 사고의 양식이며
경이로움으로 갑절이 되는 행복이다.** | G. K. 체스터턴

감사는 하나님에 대해, 하나님이 누구신지에 대해, 그리고 하나님이 우리를 위해 행하신 일을 생각하는 데서 시작된다. 감사는 석양이나 깔끔하게 정리된 자연을 보면서 혹은 창조주 하나님을 떠올리게 하는 것들을 보면서 감탄하는 아주 단순한 것일 수도 있다.

예수님이 우리 구세주가 되시기 위해 어떤 과정을 겪으셨는지를 생각하는 것도 끊임없는 감사의 원천이 된다. 자신을 따르는 자들을 살리기 위해 죽은 신을 그리는 종교는 그 어디에도 없으며, 그 어떤 신도 우리 하나님의 사랑과 강렬한 공급하심, 그리고 신실함에 필적할 수 없다.

감사할 만한 것이 하나도 없다는 생각이 들 때는 감사가 힘들 수 있다. 하나님의 목적에 우리가 포함되어 있다는 사실을 알면서도 때로는 하나님의 결정이 실망스러울 수 있다. 그래서 성경은 "찬송의 제사"(히 13:15)를 올려드리라고 명한다. 우리가 이유를 정확히 알지 못할 때도 하나님은 찬송의 제사를 받기에 합당한 분이시기 때문이다.

> 여호와의 인자와 긍휼이 무궁하시므로 우리가 진멸되지 아니함이니이다 이것들이 아침마다 새로우니 주의 성실하심이 크시도소이다 |
> 예레미야애가 3:22-23

연결되기

> 교제란 무엇보다 우리가 다른 이들을 통해 그리스도를
> 맞아들일 준비를 하는 것이다. 다른 믿는 자들이 내게 그리스도의
> 사역을 하면 나는 받기 위해 준비한다. | 워치만 니

'네트워크'라는 말을 들으면 인맥을 쌓고 경험을 공유하고 기회를 만들어 서로 사업 수행을 돕는 기업들이 떠오른다. 이런 생각을 하고 있는지 모르겠다. '네트워크야 좋지. 하지만 나는 네트워킹이 싫은데. 결국은 자기 자랑에 자기 홍보잖아. 나는 그런 스타일이 아닌데.' 그런데 하나님은 우리를 네트워크의 한 부분으로 만드셨다. 우리는 관계를 위해 지음 받았다.

관계 지향성에는 사람마다 편차가 있다. 어떤 이들은 혼자만의 공간을 더 좋아하고, 시간 부족, 거절에 대한 두려움, 나의 약함을 드러내는 것에 대한 불안감같은 이유에서 관계 맺기를 꺼린다. 당신이 어떤 사람이든 교제는 책임성과 격려, 훈계를 통해 당신의 성숙을 돕는 하나님의 방법이다.

하나님의 영광을 위해 당신은 어떤 연결점을 사용할 수 있는가?

> 또 기둥 같이 여기는 야고보와 게바와 요한도 내게 주신 은혜를 알므로 나와 바나바에게 친교의 악수를 하였으니 우리는 이방인에게로, 그들은 할례자에게로 가게 하려 함이라 | 갈라디아서 2:9

아빠됨을 전 존재로 받아들여라

아버지는 아들의 첫 영웅이자 딸의 첫사랑이 되어야 한다. | 미상

어렸을 때부터 아빠가 되고 싶어 하는 남자들도 있고 어쩌다 보니 아빠가 되었더라는 사람들도 있다. 점진적으로 아빠가 된다는 의미를 깨달아가는 사람도 있고 모든 것을 확실하게 안다고 생각하는 사람도 있다(실제로 아빠가 되기 전까지는 그렇게 생각했을 것이다. 하지만 막상 아빠가 되고 나서는 완벽한 아빠를 운운하는 얘기는 전부 허세다). 아빠가 되는 게임에 어떻게 뛰어들었든 아빠가 됐으니 이제는 최대한 이 자리를 활용해야 한다.

크리스천으로서 오직 하나님만 완벽하시다는 사실을 잘 알고 있을 것이다. 완벽은 아예 목표에서 지워버려야 한다. 대신 더 나아지는 데 집중하라.

좋은 아빠는 어떤 자질을 갖추고 있는가? 당신이 잘 알고, 당신을 아끼며, 당신의 견해를 존중하고 진지하게 받아들이는 세 명의 사람에게 좋은 아빠가 될 수 있는 세 가지 방법과 더 나아질 수 있는 한 가지 방법을 물어라. 공통된 주제나 패턴을 찾아 당신이 배운 것들을 가지고 하나님이 무엇을 하게 하실지를 기도로 물어라.

> **내가 내 행위를 생각하고 주의 증거들을 향하여 내 발길을 돌이켰사오며** | 시편 119:59

신세한탄 모임을 파장하라

**선한 사람들의 약점을 받아들일 수 없다면
성경에서 여러 페이지를 찢어내야 한다.** | 로버트 듀발

자신에 대한 진실을 직면하는 것이 신앙생활의 열쇠다. 우리는 우리 죄를 잘 알고 있으며 죄의 결과가 우리 삶에 계속해서 파장을 일으키고 있다. 하지만 하나님의 손안에서 우리의 역경이나 단점 중 하나라도 의미 없이 지나가지 않는다. 하나님은 폭풍을 견딜 수 있도록 우리를 더욱 강하게 해주시거나 우리의 약함을 그분의 강함으로 바꿔 주신다.

우리의 장점을 알려달라고 다른 사람에게 물어보기도 쉽지는 않지만, 우리의 단점을 알려달라고 하기는 훨씬 더 어렵다. 더 좋은 사람, 더 좋은 아버지가 되기 위한 과정임을 기억하라. 답을 들으면 이렇게 파악된 약점들이 하나님과의 관계 또는 가장 가까운 사람들과의 관계에 부정적인 영향을 미치고 있지는 않은지 자문해보라.

이러한 약점에 대해 당장 조치를 취하지 않으면 장기적으로 어떤 결과가 초래될 수 있는가? 계속 이런 약점들을 안고 살아갈 생각인가? 그렇지 않다면, 하나님께 당신이 무슨 행동을 취해야 하는지, 하나님께 엎드려야 하는지, 아니면 다른 관점을 주시도록 구해야 하는지 물으라.

> 미련한 자는 자기 행위를 바른 줄로 여기나 지혜로운 자는 권고를 듣느니라 | 잠언 12:15

결코 홀로 걷지 않을 거야

**어떻게 시작할지 고심하는 동안
시작하기에 너무 늦어버린다.** | 퀸틸리아누스

아버지는 힘든 자리다. 완전한 확신을 갖고 아버지가 되는 사람은 거의 없으며 확신이 있던 이들도 이내 아이의 생각과 자기 생각이 사뭇 다르다며 자신이 생각하는 대로 행동하지 않는다는 사실을 깨닫게 된다. 완벽한 아버지이신 하나님께는 완벽한 아이가 딱 하나 있다. 나머지는 다 미완인 상태다.

아빠는 가족 전체에게 영향을 미치는 소소한 행동들을 수없이 하게 된다. 그 모든 행동을 제어하겠다고 시간을 낭비하지 마라. 모든 것이 합력하여 선을 이루게 하시는 하나님께 맡기라.

수동적인 사람이 되라는 의미가 아니다. 우리가 심은 모든 씨앗의 결실을 볼 수 없을 때는(또는 우리가 너무 오래 방치한 모든 잡초의 결과를 볼 수 없을 때는) 변경을 하거나 중도 포기가 한없이 쉽다. 하지만, 하나님은 당신을 포기할 생각이 없으시다. 그러니 그분께 꼭 붙어있으라.

> **여호와께서 그에게 이르시되 누가 사람의 입을 지었느냐 누가 말 못 하는 자나 못 듣는 자나 눈 밝은 자나 맹인이 되게 하였느냐 나 여호와가 아니냐 이제 가라 내가 네 입과 함께 있어서 할 말을 가르치리라** |
> 출애굽기 4:11-12

성장의 사고방식

**우리가 고통받는 주된 이유는 우리 자신의 악함이나
약함이 아니라 우리의 환상 때문이다. 우리는 현실이 아닌 우리가
현실의 자리에 세워둔 허상의 망령에 시달린다.** | 다니엘 J. 부어스틴

아빠로서 우리는 큰 압박을 느낀다. 수많은 영역에서 탁월한 성과를 내야 한다는 기대를 받는다. 아버지가 느끼는 압박 중에서 아마 경제적 압박이 가장 클 것이다. 부부 생활을 원만하게 하는 과제를 지나면 가정과 일터에서 우리의 시간과 에너지를 요구하는 일들이 산적하다. 이런 일들을 멋들어지게 관리할 수 있을 것이라는 허상을 깨뜨리기 위해 생이 존재한다는 생각이 들 정도다.

완벽주의는 혹독한 감독이다. "이 일을 마치면…" 혹은 "이것만 사면…" 인생이 나아질 것이라는 생각을 붙드는 것은 그림자를 좇는 것이나 마찬가지다. 결국은 외로워지고 하나님과 사람들과 함께하기 위해 필요한 에너지를 모두 빼앗기고 만다. 우리의 몸과 마음이 가족과 함께하지 못하게 만드는 요인은 무엇인가? 십자가는 당신의 모든 실수가 여전히 당신을 따라다니지 않는다는 사실을 명확하게 한다. 그리스도 안에는 배움과 성장의 여지, 성장의 사고방식을 개발할 여지가 언제나 있다.

> 나의 하나님이 그리스도 예수 안에서 영광 가운데 그 풍성한 대로 너희 모든 쓸 것을 채우시리라 | 빌립보서 4:19

너 자신을 알아 너 자신을 이끌라

**가장 많은 작업이 필요한 곳은
카메라 앞이 아닌 카메라 뒤다. | 덴젤 워싱턴**

당신은 어떤 성격으로 인해 아빠로서 힘이 드는가? 직장에서는 도움이 되는데 가정에서는 정반대의 효과를 내는 부분 말이다. 심각한 회의에서 사용하는 어조로 자녀에게도 이야기하는가? 직장에서 잠재적 문제를 포착해내는 능력이 집에서는 칭찬에 인색한 모습으로 작용하는가?

자신을 이끌기 위해 자신을 알라. 다양한 상황(가정, 직장, 공동체)에서 리더로서 보이는 행동의 영향을 이해할 수 있을 정도의 자기 인식을 하고 있는가? 행동을 바꾸기 위해 정체성을 바꿀 필요는 없다.

예를 들어 문제를 금세 포착하는 사람이라면 그것이 당신의 큰 장점이다. 이 자질을 합당한 상황에서 사용하라. 직장에서는 효과가 있는 행동이 아내나 자녀에게는 혹독한 비판으로 들릴 수 있다는 점을 주지하라. 제대로 볼 수 있는 눈을 주시기를 기도하라. 말을 듣는 사람의 입장이 되어 어떨지 헤아려보라.

> 너희는 믿음 안에 있는가 너희 자신을 시험하고 너희 자신을 확증하라 예수 그리스도께서 너희 안에 계신 줄을 너희가 스스로 알지 못하느냐 그렇지 않으면 너희는 버림 받은 자니라 | 고린도후서 13:5

기회 발견하기

**기회가 작업복을 입고 일과 같은 모습으로
다가오기 때문에 우리는 종종 기회를 놓친다.** | 토마스 에디슨

하나님이 사람에게 자유의지를 주셨다는 가장 확실한 증거는 우리가 날마다 맞닥뜨리는 어마어마한 수의 선택지들이다. 그중 일부는 차를 마실지 커피를 마실지, 하늘색 셔츠를 입을지 줄무늬 셔츠를 입을지 정도의 가벼운 선택이다. 하지만 어디서 살지, 어떤 직업을 가질지, 아이는 어떻게 키울지 등등 중차대한 선택들도 있다.

이런 어려운 질문들에 대한 답을 어떻게 찾아야 할지를 알려면 자신의 강점과 약점을 파악해야 한다. 때로는 아무것도 하지 않거나 하나님의 방향이 분명해질 때까지 기다리는 것이 최상의 선택이 되기도 한다. 다만 하나님의 도움을 구할 때는 시간을 들여 경청하고 하나님이 길을 보여주시면 아브라함처럼 알지 못하는 곳으로 가게 된다고 하더라도 그 길에 나서라.

때로 사람들은 삶을 내거는 결단을 해야 될지 모른다는 생각에 집 밖으로 나서기를 꺼린다. 적극적으로 뛰어들지 않으면서 상황이 어떻게 전개되는지 본다면 어떻게 될까? 하나님을 계속 신뢰하며 힘써 일하면 모든 것이 합력하여 선을 이루게 될 것이다.

> 그러므로 우리는 기회 있는 대로 모든 이에게 착한 일을 하되 더욱 믿음의 가정들에게 할지니라 | 갈라디아서 6:10

필요가 보이면 채워라

> 때로는 리더십에 있어 주도면밀해야 한다. 언제 점심을 먹고 누구와 이야기를 나누며, 당신이 상대방이 하는 일에 관심이 있다고 느끼게끔 하는 데는 주도면밀해야 한다. 당신에게 진정성이 있다면 대화가 술술 풀리고 편안한 교제의 시간이 될 것이다. | 애런 로저스

마케팅 회사들은 시장에서 인지되는 필요를 파악하고 이 필요를 충족하기 위해 막대한 금액을 지출한다. 경제적인 측면에서는 일부분에서 상당한 효과가 있다. 하지만 크리스천이자 리더로서 우리는 필요 충족에 대해 다른 태도를 취해야 한다.

하나님은 사실 당신 외에 적임자가 없는 과제를 준비하셨다. 당신의 삶을 생각해보라. 당신 외에는 누구도 채울 수 없는 필요가 있는가? 이 필요에 대해 하나님의 관점을 취하라. 이 과제를 수행하면서 어떻게 하나님 아버지를 기쁘시게 할 수 있을까?

자녀에게 당신이 하나님뿐 아니라 당신의 아버지를 기쁘게 하고자 하는 소망을 이야기해준다면 자녀에게 얼마나 귀한 모범이 되겠는가!

> 우리는 그가 만드신 바라 그리스도 예수 안에서 선한 일을 위하여 지으심을 받은 자니 이 일은 하나님이 전에 예비하사 우리로 그 가운데서 행하게 하려 하심이니라 | 에베소서 2:10

위협 분석 및 대응

> 경건한 리더는… 약점을 깨달아 강점을 찾고, 권위에 복종함으로써 권위를 얻으며, 자신의 계획을 내려놓음으로써 방향을 찾고, 타인의 필요를 이해함으로써 비전을 찾으며, 본을 보여 신뢰를 얻고, 긍휼을 보여 충성을 얻으며, 신실함으로 영예를 얻고, 종 됨으로써 위대해진다. | 로이 레신

위협은 양날의 검이다. 위협은 회피 대상이 될 수도 있고 하나님의 관점에서 정면으로 타파하는 대상이 될 수도 있다.

삶에서 부딪히는 장애물에 어떻게 대처하는가? 인터넷 사용과 오용, 마약, 포르노, 부정적인 영향, 경건치 못한 세계관 등 수많은 것들이 우리의 가정을 위협한다. 정서적 인식이 부족하면 사랑하는 사람들로부터 고립될 수 있고 나쁜 습관(과 그 은밀함)이 신뢰를 허물 수 있다.

대처하기가 힘들고 모든 문제에 대한 답을 알지 못한다는 이유로 이런 영역에서 리더십을 포기하고 있는가? 당신이 염려하는 영역에서 성공을 거둔 이들에게 이야기하고, 도움을 청하고, 무엇보다 지혜를 구하며 기도하라. 포기만 빼고는 무엇이든 하라.

> 사람이 자기 집을 다스릴 줄 알지 못하면 어찌 하나님의 교회를 돌보리요 | 디모데전서 3:5

미달

> **약함을 인정하는 것이 상실을 치유하는 첫걸음이다.**
> | 토마스 아 켐피스

자녀 양육은 최고의 겸손 연습이다. 하나님이 우리에게 인내를 가르치시는 방법 중 하나다. 모든 환경과 결과를 통제할 수 없기에 도움을 청해야 한다. 현명한 사람은 하나님을 바라본다. 우리 삶에 대한 하나님의 장기적 관점은 온전케 하시는 하나님의 일을 위한 목적으로 우리 안에서 인내심을 빚어낸다.

무엇이 가장 중요한지를 생각해보면 첫째는 당신의 구원이고, 다음은 그리스도 안에서 성장하고 사랑과 진리, 그리고 말씀과 행함의 모든 부분에서 예수님과 같이 되기를 배우는 것이다. 우리의 힘은 우리의 발목을 잡을 뿐이다. 인상적인 자신의 유대 족보도 예수님을 아는 지식에 비하면 모두 배설물에 불과하다는 바울의 고백과 마찬가지다(빌 3:8).

또한 약함은 우리에게 움직임을 취할 만한 힘도 지혜도 없음을 인정하게 만들어 완전히 의존의 지점에 이르게 한다. 그 지점이 하나님과의 관계에서 최상의 자리다.

> **이와 같이 성령도 우리의 연약함을 도우시나니 우리는 마땅히 기도할 바를 알지 못하나 오직 성령이 말할 수 없는 탄식으로 우리를 위하여 친히 간구하시느니라** | 로마서 8:26

전략
세션

3

부상 방지

GOD'S PLAYBOOK FOR DADS

하나님의 최선만을 바라기

**사랑은 감정만이 아니다.
사랑은 엄청난 통제력을 가진 열정이며
언제나 순종으로 자신을 표현한다.** | 마틴 로이드 존스

자녀가 똑똑하고 성공적이고 행복하면 참 행복할 것이다. 하지만 그것으로 충분한가? 자문해봐야 한다. 자녀를 향한 하나님의 우선순위는 무엇인가? 하나님의 말씀은 분명히 밝힌다. 하나님은 그분의 자녀가 거룩하고 순종하기를 바라신다. 무미건조하고 재미없게 들릴지도 모른다. 그렇게 들리는 이유는 옛 성인이나 수도사, 순교자들을 표현할 때 흔히 사용되는 단어들이기 때문이다. 하지만 예수님께 드려진 삶의 유익을 생각해보라. 예수님은 이생에서의 풍성한 생명과 장래의 영원한 생명을 주신다. 모험의 삶이다. 하지만 우리는 세상 사람들과는 달라야 한다. 우리는 하나님의 목적과 영광을 위해 구별되어 거룩해야 한다.

하나님은 죄를 미워하시지만, 행복을 미워하시지 않는다. 사실 거룩함의 추구는 행복의 열쇠 중 하나다. 참된 거룩은 예수님이 행복의 근원이심을 이해하는 것이다. 하나님이 원하시는 것을 원하게 되면 우리의 관심을 끌려는 다른 모든 것들이 그 반짝임을 잃는다.

▌ 주의 성도들에게 은혜를 기뻐하게 하옵소서 | 역대하 6:41

완벽이 아닌 노력

**사람을 문제가 아닌 잠재력으로, 약점이 아닌 강점을 가진 존재로,
둔하고 무덤덤한 존재가 아닌 무한한 존재로 인식한다면 그 사람은
꽃을 피우고 가지고 있는 모든 역량을 발휘하게 된다.** | 바버라 부시

기대가 충족되지 않으면 갈등이 발생하고 분노와 슬픔, 불안 혹은 수치심으로 표출된다. 존재하는지도 몰랐는데 충족되지 못할 경우, 존재감을 드러내는 기대감은 분노를 일으킨다. 십대는 항상 이런 상태인 듯이 보이지만 아이들도 다르지 않다. 자신의 감정을 표현하기 위해 고군분투한다.

우리는 대개 타인이 우리의 기대를 알고 있다고 짐작한다. 하지만 우리는 우리의 기대를 더 잘 표현할 수 있어야 한다. 자녀가 조금 나이가 들면서 용돈이나 스마트폰이나 차를 갖고 싶다고 하면 당신이 가지고 있는 기대를 자녀와 이야기하라. 자녀에게 무엇을 기대하는지 묻고 당신이 기대하는 바를 나누라. 그리고 무엇이 현실적이고 비현실적인지 이야기하라. 지혜롭게 협상하라. 기대치를 낮추는 것이 목표가 아니라 달성할 수 있게끔 만드는 것이 목표다.

이 시나리오가 복잡하게 느껴질지 모르지만 기대 관리의 핵심은 비교적 간단하다. 능력이 아닌 노력을 칭찬하는 것이다.

| **마음을 같이하여 같은 사랑을 가지고 뜻을 합하며 한마음을 품어** |
빌립보서 2:2

긍정적으로 보라

**우리는 선물 받을 때의 짜릿함을 안다. 선물의 포장을 뜯고
무엇이 들어있는지 볼 때의 기쁨을 안다. 우리 자녀도 마찬가지이다.
우리 자녀들은 하나님이 빚으신 독특한 성품을 발견하면서
오랜 기간에 걸쳐 포장을 여는 선물이다.** | 코넬리우스 플랜팅가

부모는 소망이 계속 살아 숨 쉬게 만들어야 한다. 최고의 소망은 인기를 얻거나 학업 성적이 좋다고 생기지 않는다. 성공은 잠깐 왔다가 사라지지만 패배는 많은 경우 더 많은 것을 가르쳐준다. 하지만 그리스도 안에서 하나님의 사랑은 결코 변치 않는다. 삶의 모든 부침 속에서도 이 사실만큼은 확실히 신뢰할 수 있다. 그 무엇도 그리스도의 사랑에서 우리를 끊을 수 없으며 그분의 사랑이 소망을 지탱해준다.

예수 안에서의 소망은 경제적 안정감이나 건강, 우리가 행복이라 부르는 덧없는 환상에 그치지 않는다. 자녀를 가르치고 이끄는 과정에서 당신이 이들 안에서 보는 모든 훌륭한 자질들을 인식할 수 있게 하라. 자녀는 자신의 잠재력 때문이 아니라 존재 이유만으로 당신의 기쁨이 될 수 있다는 사실을 들을 수 있어야 한다.

> **우리가 소망으로 구원을 얻었으매 보이는 소망이 소망이 아니니 보는 것을 누가 바라리요** | 로마서 8:24

지혜로워지라

구제와 지혜가 있는 곳에는 두려움도 무지도 없다.
| 아시시의 프란치스코

자녀에게 지혜의 가치를 가르치는 것은 자녀에게 여타 모든 원칙을 세울 수 있는 견고한 기초를 주는 것이다. 성경은 자녀에게 지혜를 가르치는 것에 대해 많은 부분을 할애한다. 잠언만 주기적으로 읽어도 지혜의 가치를 이해하고 이를 자녀의 삶에 어떻게 적용해야 할지를 이해하는 데 도움이 될 것이다.

자신이 지혜로워질 준비를 하는 습관을 갖추고 나면 자녀에게 지혜의 중요성을 효과적으로 가르칠 수 있다. 경건한 지혜는 "항상 마음의 소리를 따르라"는 것과 같이 믿지 않는 자들이 선의로 자녀에게 전하는 세상의 지혜는 완전히 다르다. 이를 "만물보다 거짓되고 심히 부패한 것은 마음이라 누가 능히 이를 알리요"(렘 17:9)라는 성경 말씀과 대비해보라.

지혜는 자녀의 정체성이 감정이나 유행, 변덕이 아닌 그리스도 안에 있다고 가르친다. 자녀의 마음에 지혜가 쌓이면 확신을 가지고 세상으로 나갈 수 있다.

| 모든 지킬 만한 것 중에 더욱 네 마음을 지키라 생명의 근원이 이에서 남이니라 | 잠언 4:23

꼭꼭 씹는 것이 중요한 이유

비버 : 아이참, 다 잘못된 것 같지 않아요, 아빠?
아빠 : 그렇다고 볼 수 있지, 비버. 〈비버에게 맡겨둬〉
(역자 주 : 1957년에서 1963년까지 방영된 미국 시트콤)

컴퓨터나 인터넷에 관한 경계를 정하면 자녀와 즐겁게 함께할 수 있다. 자녀가 농담하거나 또래만 알법한 이야기를 하면 어디서 봤는지 어디서 들었는지 물으라. 비난이 아닌 관심을 가지고 물어라. 정복이 아닌 연구의 대상으로 여기라. 걱정되면 자녀에게 걱정된다고 말하라. 걱정이 되지 않으면 그것 또한 자녀에게 알려주라. 자녀가 하는 게임을 함께 하고 자녀들이 시청하는 콘텐츠를 함께 보고 자녀가 듣는 음악을 함께 들어라. 자신에게 정말 중요한 무언가에 당신이 관심을 갖는 것을 기뻐할 것이다.

이런 관심을 보여주면 자녀의 걱정거리나 자녀가 좋아하는 것, 미묘한 마음과 메시지, 그리고 성경이 이런 문제에 대해 뭐라고 말하는지 함께 이야기할 기회가 생긴다. 자녀에게 '하나님이 이것에 대해 어떻게 생각하실까?'를 항상 물어야 한다고 가르치라.

하나님께서 이들의 모든 마음과 생각이 하나님과 함께하기를 바라신다는 사실을 알려주면 책임감 있는 생각의 씨앗이 이들의 마음에 심기게 된다. 그리고, 이들이 보고 듣는 것을 성경적 관점에서 시작하는 것이 얼마나 중요한지를 깨닫는 데 도움이 된다.

> 단단한 음식은 장성한 자의 것이니 그들은 지각을 사용함으로 연단을 받아 선악을 분별하는 자들이니라 | 히브리서 5:14

대면

> 전기 통신은 얼굴을 마주하며 다른 이에게 마음을 다해
> 용기를 내고 진실을 이야기하라며 격려하는 누군가와의 경험을 결코
> 대체하지 못할 것이다. | 찰스 디킨스

"거울로 보는 것 같이 희미하나"(고전 13:12)라는 바울의 말처럼 우리가 하나님과 얼굴을 마주할 때까지는 타인과 우리 자신을 불완전하게 알 수밖에 없다. 완전하게 알게 되는 그날까지 하나님과는 기도를 통해, 우리 자신과는 성찰을 통해, 그리고 자녀와는 더 원활한 소통을 위해 힘써야 한다.

기술이 소통을 수월하게 만들어 줬지만 사람 사이의 거리는 오히려 더 멀어졌다. 문자를 보내면 쉽고 빠르며, 또한 SNS를 통해 친구와 가족의 근황을 알 수 있다. 하지만 공동체는 지속적인 정보 공유 차원에 그치지 않는다. 서로를 제대로 알아야 공동체다.

언젠가 우리는 하나님과 얼굴을 마주하게 될 것이다. 하나님을 알고 하나님이 아시는 자가 될 것이다. 그날은 정말 놀라울 것이다. 지금도 다른 이들의 생각과 두려움과 기쁨, 계획과 문제를 알아가면서 이날을 미리 맛볼 수 있다. 누군가를 진정으로 알게 되면 그 사람을 더욱 귀히 여기게 된다.

> 내가 형님의 얼굴을 뵈온즉 하나님의 얼굴을 본 것 같사오며 형님도 나를 기뻐하심이니이다 | 창세기 33:10

왕따

**친구를 사귀려고 혹은 친구를 잃지 않으려고
절대 그릇된 일을 하지 마라.** | 로버트 E. 리

왕따는 정보 시대의 끔찍한 악몽이다. 사이버 시대의 익명성은 왕따를 왕따로 만드는 모든 이유에 대해 타인에게 쏟아붓기에 안성맞춤이다. 타인에게 힘을 과시하고 고통과 불안감 속에 타인을 비난하고 무리에 끼기 위해 애쓰거나 비열한 발언을 서슴지 않는다.

왕따는 복잡한 문제지만 아빠로서 우리가 절대 간과할 수 없는 문제다. 이 문제에 관해 이야기할 준비를 하라. 당신의 자녀도 어느 시점에는 이 문제에 대처해야 할 가능성이 크다. 반응을 보이기 전에 자녀의 감정을 가늠하라. 하나님이 절대 왕따를 용인하지 않으시기 때문에 왕따는 절대 그럴 수도 있는 일이 아님을 명확히 이해시키라.

왜 아이들이 왕따를 시키는지, 왕따에 어떻게 대처해야 하는지 이야기를 나누고 만일 자녀가 그런 일을 겪게 된다면 아이와 함께하며 협력하라. 아이가 인터넷 공간에 들어가거나 누군가를 만날 때마다 친절하고 사려 깊고 존중하는 따뜻한 태도로 대한다면 세상을 더 나은 곳으로 만들 기회가 주어진다는 사실을 기억하라.

> **내가 찬송 받으실 여호와께 아뢰리니 내 원수들에게서 구원을 얻으리로다** | 시편 18:3

검은 개

**불안은 내일의 슬픔을 비워주는 것이 아니라
오늘의 힘을 빼앗을 뿐이다.** | 찰스 스펄전

윈스턴 처칠은 자신의 우울증을 자신의 무릎에 앉곤 하는 "검은 개"라고 불렀다. 때로는 위대한 설교자 찰스 스펄전도 죽기를 바랄 만큼 우울증으로 쇠약해졌지만, 긍휼의 마음이 더 커지는 등 우울증 속에도 하나님의 목적이 있다고 밝혔다.

우울증은 많은 아이가 집으로 데려가는 애완동물 같다. 자녀에게 도움을 받아도 괜찮다는 중요한 메시지를 보내야 한다. 슬픔과 외로움, 분노가 장기간 지속된다면 상담을 받거나 약을 복용해도 전혀 부끄러울 일이 아니지만, 처음에는 가정 처방을 시도해보는 것도 좋다. 주기적으로 운동하고 건강한 음식을 먹고 물을 자주 마시고 잠을 충분히 자도록 독려하라. 아이의 삶에 큰일이 일어났다면 반드시 이야기하고 넘어가라.

우울증을 극복하는 과정은 시행착오의 연속이니 자녀의 도움이시며 소망이시며 위로이신 하나님을 잠잠히 구하라.

> 두려워하지 말라 내가 너와 함께 함이라 놀라지 말라 나는 네 하나님이 됨이라 내가 너를 굳세게 하리라 참으로 너를 도와 주리라 참으로 나의 의로운 오른손으로 너를 붙들리라 | 이사야 41:10

주의하라

자살은 일시적 문제에 대한 영구적 해법이다.
| 필 도나휴

자살은 언제나 한밤중의 강도처럼 들이닥쳐 마음을 산산조각내고 답을 찾지 못하는 질문들을 무수히 남긴다. 우리 자녀는 자살을 생각하거나 그런 생각을 하는 누군가를 알고 있기 때문에 자살이라는 문제에 어떤 방식으로든 맞닥뜨리게 될 것이다.

자살은 신문의 머리기사를 장식하고 방송 기삿거리가 되지만, 정작 괴로워하는 아이에게 문제 해결의 실마리를 제시하거나 희망을 보여주는 방송은 단 하나도 없다. SNS에는 자신의 생명을 버릴 생각을 하는 아이를 멈추는 데 아무런 도움이 되지 않는 "그냥 죽어버려"라는 태그가 달린다.

자해나 흡연, 절도, 섭식 장애, 술, 마약 문제 등 징후를 눈여겨보라. 징후가 보이거든 개입하라. 청소년기에는 충동 조절력이 약하다. 이들이 수치심이나 거절감을 느끼고 있을 수도 있다는 사실을 기억하며 부드럽게 아이의 마음을 들여다보는 시간을 가져라. 문제를 복잡하게 만들지 마라. 예수님은 죄인들에게 수치심을 주지 않으셨다.

성경은 어두운 날들을 지내고 하나님께로 얼굴을 든 사람들의 이야기로 가득하다. 자녀가 그분의 위로를 구하도록 이끌라.

> 내 영혼아 네가 어찌하여 낙심하며 어찌하여 내 속에서 불안해 하는가 너는 하나님께 소망을 두라 나는 그가 나타나 도우심으로 말미암아 내 하나님을 여전히 찬송하리로다 | 시편 42:11

날씨가 바뀌기를
바란다면 5분만 기다려라

용기가 있어야 성장하여 진정한 자신이 될 수 있다.
| E. E. 커밍스

사춘기에 대해 자녀에게 이야기해줄 수 있는 최고의 말은 사춘기가 어쨌든 지나간다는 것이다. 당신이 살아있는 증거다. 사춘기를 대하는 방식 중 상당 부분은 긍휼이어야 한다. 캐럴 버넷의 말을 빌자면 "사춘기는 걸어 다니는 커다란 여드름이다."

엄청난 변화 속에 약간의 단절이 자연스레 발생한다. 우리가 너무나 잘 안다고 생각했던 아이가 갑자기 이해 불가한 존재가 된다는 것이 참으로 심란할 수 있다. 하지만 흥분하거나 손을 놓지 마라! 최선을 다하라. 산책하라. 무슨 일이 있었는지, 기분은 어떤지 물어보라.

행동이 지속적으로 악화된다면 외부의 도움을 청해야 할 수도 있지만, 때론 아이에게 과정을 통과할 시간과 공간이 필요한 것일 수도 있다. 아들일 경우에는 안으로 숨거나, 분노, 공격성이 나타나면 주의 깊게 살펴보라. 딸은 눈물을 흘리고 무슨 문제가 있냐고 물었을 때 횡설수설하거든 주의를 기울이라.

> 그러므로 하나님의 능하신 손 아래에서 겸손하라 때가 되면 너희를 높이시리라 너희 염려를 다 주께 맡기라 이는 그가 너희를 돌보심이라 |
> 베드로전서 5:6-7

작은 폭군을 사랑하는 법

**결혼 전 나는 자녀 양육의 6대 이론을 세워뒀다.
지금 나는 아이가 여섯이고 아무런 이론이 없다.**
| 존 윌모트, 로체스터 공작

걸음마장이는 매혹적인 존재이지만 신나는 시간, 달콤한 순간 이면의 작은 폭군이다. 인간의 본성이 그렇지만 어떤 아이들의 경우에는 모든 것에 있어 주도권을 주장하는 강한 의지를 보이기도 한다. 이런 상황에서 성경적 반응은 무엇일까? 누가 주도권을 가졌는지 확실하게 보여주기 위해 몽둥이를 들어야 할까? 아니면 "우리 이성적으로 한 번 얘기해보자"고 해야 할까?

둘 다일 수도 있다. 하지만 기도가 최상의 대처가 되기도 한다. 많이 기도하는 것이 가장 좋은 대처법이다. 자녀에게 골로새서 3:20을 가르치라. "자녀들아 모든 일에 부모에게 순종하라 이는 주 안에서 기쁘게 하는 것이니라."

호기심과 탐색을 독려해야 하지만 동시에 아이의 안전을 위해 부모가 명한 것을 지키도록 해야 한다. 지고 있다는 생각이 들 때도 당신의 팀에 머물라. 하나님은 신실하시다. 당신의 자녀를 탐험가로 만드셔서 배워가게 하시는 분은 하나님이시니 죄책감을 갖지 마라. 하지만 경계를 세우고 하나님이 그분의 목적을 이루실 시간을 드리라.

> **마땅히 행할 길을 아이에게 가르치라 그리하면 늙어도 그것을 떠나지 아니하리라** | 잠언 22:6

마음을 기울이라

> 악한 자는 두려워서 복종하고
> 선한 자는 사랑해서 순종한다. | 어거스틴

눈을 감고 자녀를 떠올리면 어떤 그림이 그려지는가? 이들의 선한 모습을 떠올리려 애쓰는가 아니면 나쁜 모습만 보이는가? 우리의 자녀는 우리와의 교감과 소통을 통해서만 빚어지지 않는다. 인식에 의해서도, 우리의 의도나 맥락과 상관없이 상황을 어떻게 바라보고 말을 어떻게 듣는지에 의해서도 빚어진다. 아이가 나이가 들수록 아이의 모든 경험이나 생각을 알기는 불가능하다. 하지만 하나님은 모두 아신다.

우리의 모든 감정과 생각을 아시는 하나님이 어떻게 우리의 삶에서 일하시는가? 은혜로 일하신다. 하나님의 마음은 항상 우리의 최선을 지향한다. 우리가 그분과 협력하여 예수님을 더 닮을수록 하나님의 영광이 더 커지기 때문이다.

더 잘할 수 있었다는 아쉬움에 압도되기보다 당신의 삶에서처럼 당신 자녀안에서 또 자녀 주위에서 신실하게 일하시는 하나님을 신뢰하라. 자녀를 향한 소망을 품어라. 특히 상황이 힘들 때 자녀에게 자신의 가치와 당신의 사랑을 일깨워주라.

> 모든 겸손과 온유로 하고 오래 참음으로 사랑 가운데서 서로 용납하고 |
> 에베소서 4:2

왜 그렇게 화가 날까?

**이해하는 데서 평안을 얻는 능력이 나온다.
타인의 관점을 이해하고 그가 우리의 관점을 이해하고
나면 마주 앉아 차이를 해소할 수 있다. | 해리 트루먼**

화가 꼭 죄는 아니다. 하지만 화에 대처하는 방식이 죄가 될 수 있다. 기억하라. 우리는 그리스도 안에서 새로운 피조물이며 실망이나 짜증에 대처하는 옛 방식은 십자가에서 죽었다.

당신의 자녀는 화가 났을 때 미성숙함을 드러내는가 아니면 합당한 이유로 화를 내는가? 당신이 원인인가? 당신은 약속을 지키고 자녀가 스스로 필요한 존재임을 느끼게 만들며 적절한 자율성을 부여하는가? 아니면 부지중에 자녀를 조종하거나 무시하는가? 마음을 들여다보고 하나님께 통찰력을 주시기를 구하라.

자녀가 자신의 감정을 항상 명확하게 표현할 수 있는 것은 아니다. 자녀에게 마음을 가라앉히는 법을 가르치고 이들이 말할 기회를 주고 경청하라. 분노의 중심에 있는 문제를 발견하라. 화를 표출시킬 수 있는 방법을 찾으라. 그러고 나서는 반드시 자녀와 이야기하고 기도하라. 힘의 줄다리기를 하면 모두가 패자다.

> 내 사랑하는 형제들아 너희가 알지니 사람마다 듣기는 속히 하고 말하기는 더디 하며 성내기도 더디하라 사람이 성내는 것이 하나님의 의를 이루지 못함이라 | 야고보서 1:19-20

들이쉬고 내쉬고

미래를 두려워하지 마라. 하나님이 이미 거기 계신다.
| 빌리 그래함

부모가 되면 끊임없는 요구를 받게 된다. 약속이든, 집안일이든, 위기 상황이든, 항상 할 일이 있다. 관리 가능한 수준의 스트레스가 소용돌이치는 불안으로 금세 변한다. 특히 아빠가 되면 항상 최악의 시나리오를 상상하게 된다. 자녀의 우울한 점수가 노숙인으로 살게 되면 어쩌나 하는 염려로 번지고 브로콜리를 싫어할 뿐인데 평생 치즈 볼에 탄산음료만 달고 살까 봐 애가 탄다.

아빠가 되면 숨겨진 재난물 전문 유전자가 활성화되는 느낌이다. 하지만 추정치에 따르면 사람들이 염려하는 일의 98%는 결코 발생하지 않는다. 나머지 2% 중 상당 부분도 견뎌낼 수 있는 수준이다.

하나님은 개입하셔서 우리에게 평안을 주기 원하신다. 기억하라. 평안은 고요함이 아니라 모든 분주함을 통과하는 길이 있다는 확증이다. 우리가 할 일은 그분의 명령을 따르는 것이다. 필요한 것이 생각날 때마다 기도하라는 의미다. 타인에게 관심을 기울이되 동시에 충전의 시간을 가지라는 의미다. 마지막으로, 숨 쉬는 것을 잊지 마라.

그리하면 여호와 그가 네 앞에서 가시며 너와 함께 하사 너를 떠나지 아니하시며 버리지 아니하시리니 너는 두려워하지 말라 놀라지 말라 |
신명기 31:8

번 아웃

번 아웃은 너무 오래 인간답기를 회피하려고 할 때 발생한다.
| 마이클 군고르

사슴이 시냇물을 찾아 헤매듯이 하나님을 찾기에 갈급하다는 시편을 기억하는가?(시 42편) 온 힘을 다해 뛰어다니는 사슴을 떠올려보라. 가까스로 늑대의 공격을 피했지만 울창한 숲이 사라지고 사막이 펼쳐진 곳에 이르렀다. 두려움이 사라지자 맥이 풀렸다. 사슴은 너무나 목이 말랐다. 적극적으로 찾아 나서기보다 쓰러져 죽지 않기 위해 간신히 버티는 중이다.

이 수사슴은 불이 날 때마다 달려가 불을 끄느라 지쳤다. 수학 숙제를 도와주고, 밤비(역자 주. Bambi, Felix Salten의 동물 소설에 아기 사슴 이름)를 농구 연습과 피아노 수업, 수영 강습과 상담에 데려다주고 데려오다 보니 지쳤다. 이제 어떻게 해야 할까?

첫째, 거기서 벗어나 재충전한다. 다음으로는 삶의 잡동사니들을 정리하고 꼭 해야 할 일들만으로 우선순위를 정하고 나머지는 모두 중단해야 한다. 그럴 때 하나님을 구하고 하나님의 말씀을 들을 정신적 공간이 생겨난다. 우리의 영혼에 양분을 보충하는 일은 호사가 아닌 필수다.

> 이르시되 너희는 따로 한적한 곳에 가서 잠깐 쉬어라 하시니 이는 오고 가는 사람이 많아 음식 먹을 겨를도 없음이라 | 마가복음 6:31

보이지 않는 것들

신앙은 근거 없는 믿음이 아닌 주저함 없는 신뢰이다.
| 엘튼 트루블러드

신앙은 하나님과 그분의 약속과 명령을 믿는 것이다. 예수님은 어떤 이들에게는 큰 믿음이 있고 어떤 이들은 믿음이 적다고 말씀하셨다. 예수님은 믿음이 큰 이들을 치유하시거나 도우셨고 믿음이 없는 자들은 질책하셨다. 그 때문에 믿음에도 수준이 있는 듯이 보인다.

보이지 않는 것을 믿기는 어렵다. 하나님이 당신을 가장 잘 아시며 당신이 예수님을 더 닮기를 깊이 원하신다고 정말 신뢰하는가? 당신이 믿는 하나님은 말씀으로 천지를 지으시고 바람과 파도를 잔잔케 하신 분이신가? 아니면 제한적인 생각에 갇혀 있는 당신이 만들어 낸 하나님인가?

하나님께 믿음을 더해 주시기를 구하라. 그리고 하나님이 당신에게 그 믿음을 실천할 기회를 주실 것을 기대하라. 하나님의 말씀과 약속을 배우고 그분께 순종하라. 믿음을 행동으로 옮길 때 하나님의 실체가 평안과 확신, 따뜻하고 절대 마르지 않는 생명의 원천으로 확장된다.

> **믿음은 바라는 것들의 실상이요 보이지 않는 것들의 증거니** | 히브리서 11:1

최전선에 나갈 준비

하나님과의 교제는 곧 세상과의 전쟁이다.
| 찰스 풀러

영적 전쟁의 실체를 결코 과소평가하지 마라. 하나님의 방식으로 무언가를 하려고 하는 것은 사실상 우리의 등에 표적을 그려 넣는 것이나 마찬가지다. 마귀는 하나님의 영광을 위해 자녀를 양육하고자 결단한 사람의 위협을 꺾거나 무력화시키기 위해 무슨 일이든 하려 들 것이다. 최근 들어 아무런 문제가 없던 상황이 급작스레 악화되어도 충격을 받지 마라.

하나님은 사탄이 우리를 방해하도록 두신다. 이것이 우리를 더 강인하게 만들어 앞으로 다가올 일에 대비시키기 위해 우리를 시험하시는 하나님의 방법이기 때문이다. 예수님은 세상이 반드시 우리를 미워할 것이라고 말씀하셨다. 하지만 동시에 우리와 항상 함께하신다고 말씀하셨다. 이 약속은 우리의 자녀에게도 적용된다.

전투가 다가왔음을 알게 됐다면 전투 준비를 하라. 다른 크리스천 남성들과 성경을 공부하고 서로를 응원하기 위해 만나라. 논쟁에서 이기기 위해서가 아니라 영혼을 얻기 위해 신앙을 변호하는 법을 배우라.

> **너희 마음에 그리스도를 주로 삼아 거룩하게 하고 너희 속에 있는 소망에 관한 이유를 묻는 자에게는 대답할 것을 항상 준비하되 온유와 두려움으로 하고** | 베드로전서 3:15

세션 3 매뉴얼

하나님의 약속

GOD'S PLAYBOOK FOR DADS

삶의 닻

나는 하나님의 약속에 영원을 걸 만큼 그 약속을 믿는다.
| 아이작 와츠

자녀에게 좋은 것을 주고 싶은가? 자녀의 기본적 필요를 채워주고 싶은가? 자녀가 모든 잠재력을 발휘하도록 돕고 시간과 재능을 선용하도록 격려하고 응원하며 이들이 좋은 사람들과 생산적인 관계를 누리는 모습을 보고 싶은가? 당연히 그럴 것이다.

하나님은 그분의 아들인 우리에게 이 모든 것을 약속하셨다. 우리가 "감사합니다만 저는 제 방식대로 해볼게요"라고 반응한다면 하나님의 기분이 어떨 것 같은가? 광야에서 이스라엘 백성에게 이런 말을 충분히 듣지 않으셨던가?

하나님의 말씀이 그분의 약속을 그대로 취하게 하기에 충분하지 않은가? 믿을 수 있는 무언가, 삶을 변화시키고 강하게 하고 안식을 주고 도움이 되고 지혜롭고 보호해주고 공급해주며 위로해주고 소망이 있고 기쁨이 되는 무언가가 필요하다면 하나님의 약속을 살펴보라. 그리고 그 약속을 마음에 새기라. 이는 우리를 위한 약속이다.

> 수고하고 무거운 짐 진 자들아 다 내게로 오라 내가 너희를 쉬게 하리라 나는 마음이 온유하고 겸손하니 나의 멍에를 메고 내게 배우라 그리하면 너희 마음이 쉼을 얻으리니 | 마태복음 11:28-29

안전한 항로

**주님이 우리와 함께 계시면 두려울 이유가 없다. 그분의 눈이
우리를 살피시고 그분 팔이 우리를 두르시고 그분의 귀가 우리 기도에
열려 있다. 그분의 은혜가 족하고 그분의 약속은 변치 않는다. | 존 뉴턴**

이 세상은 망가졌다. 하나님이 만드셨을 때의 모습이 아니다. 죄가 급속히 세상을 변질시켰다. 죄는 인간의 영을 말살시켰을 뿐 아니라 쓰나미처럼 피조물을 덮쳤다. 이 세상에서 아름다움과 선함을 발견할 수는 있지만 애써 찾아야 보인다. 가장 먼저 눈길을 끄는 것은 인류가 유발한 모든 문제다. 아빠로 우리의 가장 큰 염려는 '이 세상을 우리 아이가 안전하게 살아가도록 하려면 나는 어떻게 해야 할 것인가?'이다.

성경은 말 그대로 하나님의 수천 가지 약속을 담고 있다. 그런데 수많은 구절이 하나님의 평강과 안식을 이야기하지만 평탄한 삶을 보장하는 구절은 단 하나도 없다. 그런 보장이 있으면 좋겠지만 정말 그것이 최선일까?

대신 하나님은 안전한 항로를 약속하신다. 우리의 여정은 이 세상의 모든 골짜기와 그늘을 지나게 되겠지만 하나님의 보호와 공급하심이 우리를 두르고 있다.

| **하나님은 우리의 피난처시요 힘이시니 환난 중에 만날 큰 도움이시라** |
시편 46:1

맡겨진 일을 마무리하라

**은혜의 역사는 이생에서만 시작되지만
여기서 완성되지 않는다. 지금의 상태가 불완전하다는 것은
무언가 수행될 작업이 남아 있다는 의미다.** | 매튜 헨리

시작할 때부터 마무리의 중요성을 알아야 한다. 하나님도 마무리의 중요성을 아신다. 하지만 일이 잘 마무리됐다는 것이 예기치 못한 일이나 치명적인 일이 발생하지 않았다는 의미가 아니라는 점을 주지해야 한다. 하나님은 이 모든 상황을 사용하셔서 망가진 부품들로 다리를 만들고 구부러지고 휜 나뭇가지들로 곧은길을 만드신다.

타인에게서 비롯된 사고와 실수와 부상, 그리고 우리 자신에게서 비롯된 사고와 실수와 부상의 흔적이 여전히 우리에게 남아 있다. 우리의 자녀가 용서와 구원이 필요한 불완전한 인간이기에 우리와 같은 기본적인 문제들로 씨름하는 모습을 보게 된다면 괴로울 것이다. 하지만 하나님이 모든 것을 온전케 하실 것이다. 우리의 삶과 자녀의 삶을 시작하신 분은 하나님이시다.

삶의 걸림돌과 문제들은 크기가 각양각색이지만 하나님이 우리와 함께하시니 모든 문제를 극복할 수 있다.

너희 안에서 착한 일을 시작하신 이가 그리스도 예수의 날까지 이루실 줄을 우리는 확신하노라 | 빌립보서 1:6

그저 구하라!

> 내게 하나님의 마음이 있는 한,
> 나는 그분의 길로 행할 수 있고 어떤 실수나
> 망상에 빠지지 않을 것을 안다. | 마틴 루터

아빠가 되어보지 않고는 아빠가 될 준비를 제대로 할 수 없다. 우리의 아빠가 본받을 만한 훌륭한 아빠이시기 때문에 목표 지점이 제법 명확할 수도 있다. 혹은 못된 아빠이거나 함께 있어 주지 않는 아빠를 두었기 때문에 무엇을 피해야 할 지 알 수도 있다.

경건한 자녀 양육에 관한 책을 수십 권 읽고 아동 심리학 석사 학위까지 받았을 수도 있다. 이런 종류의 준비도 유용하지만 우리는 우리가 무엇을 모르는지 모른다. 우리가 아는 것은 우리가 이 젖비린내 나는 꼬마를 사랑한다는 것뿐이다. 그것만으로도 출발점이 아주 훌륭하다.

하나님은 우리가 구하기만 하면 우리가 무엇을 잘못하고 있는지 일일이 지적하지 않으시고 우리에게 부족한 지혜를 후히 주신다고 약속하신다. 어찌해야 할지 몰라 머리를 긁적이는 그 때가 한 걸음 물러나 자녀가 태어나기도 전에 모든 상황을 완벽하게 정리해 두신 유일하신 아버지의 지혜를 구해야 할 때다.

> 너희 중에 누구든지 지혜가 부족하거든 모든 사람에게 후히 주시고 꾸짖지 아니하시는 하나님께 구하라 그리하면 주시리라 | 야고보서 1:5

하나님이 뒤를 책임져주신다

**당신이 항상 나와 함께 하시며
홀로 위험을 맞닥뜨리도록 결코 저를 내버려 두지 않으실
것이기에 저는 두렵지 않습니다. | 토마스 머튼**

이제는 아이를 어떻게 키워야 하는지 알 것 같다고 생각하는 순간 기습 공격을 당한다. 그리고 그 공격이 크건 작건 여느 아빠들처럼 이걸 몰랐다며 자책한다. 하지만 하나님은 은혜와 자비와 용서의 하나님이며 무엇보다 지혜의 하나님이시라는 사실을 기억해야 한다.

하나님은 궁극적인 부모이시다. 모든 생명을 지으시고 관계를 만드시고 더 나은 삶을 위한 경계와 규칙을 정하신 분이다. 하나님은 행동에는 당연히 결과가 따른다는 것을 아신다. 하지만 언제나 기쁘게 용서하시고 잊으신다. 그런 하나님께 자녀의 문제를 도와주시기를 구하지 않겠는가?

하나님은 우리 자녀가 하나님이 지으신 본연의 모습으로 멋지게 성장하는 모습을 우리가 보기를 바라신다. 그러니 무엇을 해야 할지 하나님께 묻는 습관을 들이라. 하나님이 뒤를 책임져 주신다.

> 돈을 사랑하지 말고 있는 바를 족한 줄로 알라 그가 친히 말씀하시기를 내가 결코 너희를 버리지 아니하고 너희를 떠나지 아니하리라 하셨느니라 | 히브리서 13:5

평정

미래는 하나님의 약속만큼 화창하다.
| 윌리엄 캐리

"염려"를 표현하는 신약의 헬라어는 "생각을 나눈다"라는 의미이며 영어의 어원은 "목을 조르다, 숨 막히게 하다"라는 뜻이다. 염려가 생각과 몸에 좋지 않다는 점은 분명하다. 하지만 염려할 기회는 끊임없이 찾아온다. 염려하지 말라는 하나님의 명령에 순종하고 싶은데 자녀가 어떻게 자라고 있는지 걱정이 된다면, 어떻게 해야 나눠진 생각을 하지 않을 수 있을까?

하나님으로부터 시작하라. 그분의 아들에게 당신이 어떤 존재인지를 기억하라. 예수님이 백합화와 공중의 새들에 대해 무슨 말씀을 하셨는지 기억하는가?(마 6:26) 염려는 당신이 하나님께서 말씀하신 만큼 소중한 존재가 아니라고 말하는 셈이다. 나아가 염려한다고 달라지는 것도 없다(27절).

염려된다면 모든 것을 하나님의 돌보심에 맡겨야 함을 기억하라. 그가 우리와 우리 자녀를 돌보시며 우리의 모든 필요를 채우신다는 약속을 지키실 것을 신뢰하라.

> 아무 것도 염려하지 말고 다만 모든 일에 기도와 간구로, 너희 구할 것을 감사함으로 하나님께 아뢰라 그리하면 모든 지각에 뛰어난 하나님의 평강이 그리스도 예수 안에서 너희 마음과 생각을 지키시리라 |
> 빌립보서 4:6-7

발을 씻으라

용서는 생명을 줌으로써 생명을 받는 것이다.
| 조지 맥도널드

인간인 우리에게 가장 필요한 것은 용서다. 그래서 하나님은 교사나 과학자, 경제학자나 연예인이 아닌 구세주를 보내주셨다. 예수님은 구원과 함께 우리에게 천국에서의 영원한 삶과 이 땅에서의 풍성한 삶을 약속하신다.

예수님은 고집 센 베드로를 설득해 베드로의 발을 씻어주셨다. 예수님이 "내가 발을 씻어주지 않으면 우리는 아무 상관이 없다"고 말씀하시자 베드로는 "주님, 제 손과 머리도 씻어주세요!"하고 외친다. "이미 목욕한 자는 발밖에 씻을 필요가 없느니라 온 몸이 깨끗하니라"(요 13:10)고 말씀하시면서 예수님이 빙그레 웃지 않으셨을까?

예수님의 말씀은 이런 의미였을 것이다. "베드로야, 지금 우리는 더러운 발에 관해 이야기하는 것이 아니란다. 내가 너의 죄를 깨끗하게 했기 때문에 내가 다시 올 때까지 네가 여전히 짓는 일상적인 종류의 죄에 대해서 사함 받기를 구할 수 있다는 뜻이란다." 우리가 마음에 새겨야 할 약속이며 그 무엇도 예수님께 속한 자를 그의 사랑에서 끊을 수 없음을 상기시켜주는 약속이다.

> **만일 우리가 우리 죄를 자백하면 그는 미쁘시고 의로우사 우리 죄를 사하시며 우리를 모든 불의에서 깨끗하게 하실 것이요** | 요한1서 1:9

좋은 땅에 심긴

**당신이 할 수 없는 일이 당신이 할 수 있는 일을
방해하게 내버려 두지 마라. | 존 우든**

아이가 어릴 때 당신의 목소리로 하나님의 말씀을 들려주라. 아이가 커가면서 다른 목소리가 자녀의 관심과 마음을 빼앗으려 들 것이다. 그러니 자녀가 세상의 관점을 모방하는 모습에 낙심되어도 포기하지 마라. 하나님의 말씀이 그의 목적을 성취하심을 신뢰하라. 당신의 경험에도 그렇지 않았던가?

씨 뿌리는 자의 비유에서(마 13:1-23) 예수님은 하나님의 말씀에 대한 네 가지 다른 반응을 설명하셨다. 마음을 땅으로 표현하셨다. 어떤 마음은 너무 딱딱하고 어떤 마음은 너무 얕고 어떤 마음은 가시가 가득하고 어떤 마음은 비옥하다. 하나님께 당신과 자녀의 마음을 취하시고 하나님의 말씀 속에서 약속으로 서로의 마음이 이어져 서로에게 마음을 돌이키게 해주시기를 구하라(말 4:4-6).

예수님을 따르겠다는 자녀의 결단을 우리가 강제할 수 없다. 하지만 하나님의 약속을 우리의 기초로 삼으면 자녀가 옳은 방향으로 가도록 영향을 미칠 수 있다.

> 오직 사랑 안에서 참된 것을 하여 범사에 그에게까지 자랄지라 그는 머리니 곧 그리스도라 | 에베소서 4:15

그가 선을 이루실 것이다

**기도는 약속을 활용하는 것이다. 약속에 기초하지 않은
기도에는 진정한 토대가 없다.** | 찰스 스펄전

자녀에 관한 일이라면 어느 부모나 뭐든 세상에서 가장 심각한 문제인 것처럼 부풀려 생각하는 경향이 있다. 하지만 하나님은 그렇지 않으시다. 바울은 로마서 8장에서 믿는 자들에게 하나님의 약속을 따라 사는 삶이 무엇을 의미하는지 이야기한다. 결국은 육신의 방법을 따라 사느냐, 성령의 방법을 따라 사느냐의 문제로 귀결된다. 육신은 자신을 즐겁게 하고자 하는 욕망이 동력이 되어 예수님을 만나기 전의 기본 설정값이다.

하지만 이제는 성령님이 우리 안에 거하시기 때문에 우리가 하나님의 것이라는 그분의 약속이 주어졌다. 우리는 이제 우리 자신이 아닌 하나님께 속한 존재가 되었다. 하나님의 아들로 입양되는 데 따르는 특전은 어마어마하다. 두려움에서 자유로운 삶을 살 수 있으며 죽음과 지옥뿐 아니라 이 생에서 우리를 위협하는 모든 것으로부터 자유 할 수 있다.

우리가 잘 아는 로마서의 구절은 "하나님이 어떤 것은 합력하여 선을 이루신다"라거나 "많은 것이 꽤 자주 합력하여 선을 이룬다"고 하지 않는다. "모든 것"은 말 그대로 '모든 것'이다. 우리도, 우리의 가정도 포함된다.

> **우리가 알거니와 하나님을 사랑하는 자 곧 그의 뜻대로 부르심을 입은
> 자들에게는 모든 것이 합력하여 선을 이루느니라** | 로마서 8:28

전략
세션

4

효과적
커뮤니케이션

GOD'S PLAYBOOK FOR DADS

막대기와 돌멩이

**하나님은 하나님께 전적으로 복종하는 삶을
전적으로 책임지실 준비가 되어 있으시다.** | 앤드류 머레이

아빠 말의 힘을 절대 과소평가해서는 안 된다. 우리는 자녀 마음의 버튼에 손을 올려놓고 있다. 우리의 말이 화평을 일굴 수도, 정서적 파괴를 초래할 수도 있다. 행동이 말보다 더 크게 전달되는 것이 사실이지만 우리가 말을 사용하는 방식(혹은 사용하지 않는 방식)도 손을 사용해 무언가를 짓는 것과 같은 행동이다.

성장 과정에서 듣는 말의 종류에 따라(혹은 듣지 않는 말의 종류에 따라) 이런 말들이 기본 설정값이 될 수 있다. 이런 말들이 도움이 되는 말들이라면 다행이지만 그렇지 않다면 마음을 갈기갈기 찢거나 낙심시킨다. 적절한 말 몇 마디는 핵심 젠가 블록과 같다. 그 블록들만 잘 피하면 구조물이 무너지지 않지만 제대로 피하지 못하면 전체가 무너져 내린다.

하나님은 친절과 격려와 치유의 말씀을 통해 가장 아름답게 말씀하신다. 자녀를 최근에 언제 칭찬했는가? 소박하고 진실된 이런 순간들이 자녀를 평생 지탱해줄 수 있다.

> 내게 네 갈 길을 가르쳐 보이고 너를 주목하여 훈계하리로다 | 시편 32:8

하나님은 세세한 곳에 계신다

**좋은 것과 위대한 것의 차이는
세부사항에 얼마나 신경을 쓰느냐에 있다. | 척 스윈돌**

자녀와 대화할 때 자녀의 말에 진심으로 귀를 기울이기란 쉽지 않다. 대개 우리는 우리 안의 자동 비행 장치를 작동시키는 핵심 단어가 나오기만 기다렸다가 그런 단어가 나오기가 무섭게 끼어들어 이제 어떻게 해야 하는지 얘기한다. 어떤 것이 정말 큰일이고 어떤 것이 큰일이 아닌지 확실히 파악하기가 어렵다. 그 때문에 잘 듣는 것, 경청이 필수적이다. 잘 들으면서 하나님의 지혜를 구하라.

인내심을 가지라. 우리에게는 별것 아닌 듯이 보이는 일이 자녀에게는 생사의 문제일 수 있다. 우리가 약간의 디테일을 더 해주면 자녀가 문제의 핵심에 가까워질 수도 있다. "그래," "아, 그렇구나," "그랬구나"라고 말하면 대개 자녀는 계속 이야기하면서 무엇이 문제인지 조금 더 알게 된다. 대화는 양측 모두를 위한 발견의 과정이 되어야 한다. 우리는 자녀에게 무엇이 중요한지를 알고 싶어 하고 자녀가 스스로 하는 말을 들을 수 있기를 바란다. 자녀의 감정이 옳다고 말하지 않고도 그 감정에 이름표를 달아줄 수 있다. "그 문제 때문에 상처받은 것/화가 난 것/슬픈 것 같구나. 그게 합당한 것 같지는 않다." 진실을 발견하고 나면 그 상황에 대한 경건한 지혜를 제시할 수 있다.

> **여호와의 눈은 의인을 향하시고 그의 귀는 그들의 부르짖음에 기울이시는도다 | 시편 34:15**

인질 협상

**소통에서 가장 중요한 것은
말로 표현되지 않은 것을 듣는 것이다.** | 피터 드러커

자녀와의 대화가 인질 협상처럼 느껴질 수 있다. 내가 인질이고 몸값을 지불해야 풀려날 것처럼 느껴진다. 그런데 놀랍게도 인질 협상에서는 고도의 테크닉이 필요할 뿐 아니라 공감과 진실 추구의 성경적 접근 방식이 적용돼야 한다.

사실 인질은 그 문제에 사로잡혀 감정에 압도되어 있고 우리가 그 상황을 타개할 방법을 보여주기를 기다리는 우리의 자녀다. 자녀가 핵심에 도달하기까지 시간이 좀 걸린다. 그러니 중도 포기하지 말고 상황을 파악하기 위한 질문을 던지며 아이에게 시작과 중간과 끝이 있는 이야기를 하게 하라.

적극적 경청은 우리의 목소리와 경쟁하고 있는 자녀의 감정 속에 머릿속 목소리를 이끌어내려는 노력이다. 말을 끊거나 판단하지 마라. 고개를 끄덕이거나 그래, 그래 하면서 듣기만 하고, 관심을 갖고 있음을 보여주기 위해 단답형으로 답할 수 있는 질문이 아닌 개방형 질문을 하라.

우리 자녀는 우리와 자신의 견해가 다르다는 사실을 알지 모르지만 이런 경청이 이해의 정도를 입증할 것이다.

> 사람의 마음에 있는 모략은 깊은 물 같으니라 그럴지라도 명철한 사람은 그것을 길어 내느니라 | 잠언 20:5

필기하기

관심을 기울이는 단순한 행동으로 멀리까지 갈 수 있다.
| 키에누 리브스

좋은 아빠가 되려면 세세한 부분에 관심을 기울여야 한다. 꼼꼼한 사람이라면 다행이지만 큰 그림을 그리는 쪽에 가까운 스타일이라면 의도적으로 세심해져야 한다. 자녀를 등하교시키는 중에 주고받는 이야기가 우리의 메시지를 전달하고 자녀의 메시지를 받는 데 큰 차이를 만들 수 있다.

자녀가 이야기하면 언제 어떤 말을 하는지 주의를 기울이라. 평소처럼 이야기할 때는 언제인가? 학교에 가는 길인가? 아님, 학교에서 돌아오는 길인가? 밥 먹기 전인가? 소방 호스에 물이 나오듯 멈칫멈칫 말하는가? 아니면 묻지 않아도 얘기하는 편인가?

아이가 말하기 좋아하는 시간이나 스타일을 적용해 아이와 대화하라. 최상의 시간과 방식, 장소를 택하라. 어조에 주의하라. 큰 그림을 기억하라. 대화의 목적은 하나님처럼 우리도 아이와의 관계를 소중히 여긴다는 것을 알려주는 것이다.

| 이는 그들로 마음에 위안을 받고 사랑 안에서 연합하여 확실한 이해의 모든 풍성함과 하나님의 비밀인 그리스도를 깨닫게 하려 함이니 |
골로새서 2:2

현실 감각을 유지하라

**교만은 우리를 인위적으로 만들고
겸손은 우리에게 진정성을 부여한다.** | 토마스 머튼

소통은 양방향이다. 메시지를 주고받는다. 하지만 얼마나 효과적으로 소통하느냐는 또 다른 문제다. 기준을 세우되 열린 태도로 쉽게 다가갈 수 있는 모습이어야 한다. 자녀가 절제를 배우기를 바라지만 자녀의 호기심이나 갓 싹을 틔운 독립심을 억눌러서는 안 된다.

정보를 나눠서 사용하라. 자녀와 관련된 문제를 중심으로 짧은 대화를 하고 이들에게 어떤 선택 안이 있는지 이야기하라. 잔소리 상태에 들어가지 않으면서 어떤 기대가 있고 어떤 결과가 나올 수 있는지 설명하라. 지각하면 직접 선생님께 설명하게 하라. 아이가 할 일을 대신해줘야 하는 경우에는 용돈을 줄여라.

하나님은 말씀을 통해 하나님의 기대를 명확히 밝히신다. 하나님을 본받아라. 꾸준함과 차분함, 일관성이 의미 있으면서도 즐거운 또 다른 대화의 문을 열 것이다. 우리 자녀는 진짜 사람이다. 그러니 다른 진짜 사람을 대할 때처럼 이들에게 이야기하라.

> **나와 같이 모든 일에 모든 사람을 기쁘게 하여 자신의 유익을 구하지 아니하고 많은 사람의 유익을 구하여 그들로 구원을 받게 하라** |
> 고린도전서 10:33

문보다 좋은 창을 만든다

**정직함과 투명함은 우리 안의 약함을 노출시킨다.
그래도 정직하고 투명하라.** | 마더 테레사

아빠는 자녀의 삶에서 비교 불가한 강력한 존재다. 우리가 하나님이 어떤 분이신지 처음으로 엿보게 해주는 존재이기 때문인지도 모른다. 핵심은 자녀는 우리가 무슨 생각을 하는지 신경을 쓰고 있다는 것이다.

아빠는 모름지기 이래야 한다, 저래야 한다는 생각에 얽매이지 마라. 자기 자신이 돼라. 지켜야 할 기준을 명확히 적용하되 칭찬과 응원과 포옹은 자유로이 하라. 자녀에게 아빠의 진짜 모습을 알아가게 해주는 것이 큰 선물이다.

오늘 하루 어떻게 지냈는지 당신이 자녀에게 묻듯이 당신도 당신의 하루가 어땠는지 자녀에게 알려주라. 또 아빠가 자기 나이 때는 어땠는지를 듣는 것도 좋아한다. 특히 아빠가 사고 쳤던 이야기를 들으면 좋아한다. 이런 정직함과 솔직함이 어떻게 해야 아빠만큼 훌륭한 사람이 될 수 있는지, 아빠 말처럼 하나님이 얼마나 위대한 분이신지를 보여주는 창을 열어준다.

> 우리가 세상에서 특별히 너희에 대하여 하나님의 거룩함과 진실함으로 행하되 육체의 지혜로 하지 아니하고 하나님의 은혜로 행함은 우리 양심이 증언하는 바니 이것이 우리의 자랑이라 | 고린도후서 1:12

경계 세우기

**내가 가장 용감할 때는 불완전함을 끌어안고
우리 안의 취약성을 받아들이고 우리 삶의 사람들과
울타리를 세울 때다.** | 브렌 브라운

자녀를 정직하고 열린 마음으로 대하는 습관을 들이면 자녀가 어리석은 결정같이 말하기 힘든 문제들에 대해 이야기하기가 더 수월해진다. 우리가 기대하는 바를 간단명료하게 제시하는 것이 중요하다. 아빠에게 어떤 기대를 가져야 하는지를 주지시키는 것도 좋다.

매우 심층적인 개념이기 때문에 자녀가 어느 정도 클 때까지 기다리라. 하지만 자녀가 이런 이야기를 할 준비가 되면 당신에게 어떤 기대를 할 수 있는지 알려주라. 당신의 사랑과 지지, 이들의 육신의 필요를 채워주겠다는 아빠의 헌신, 아버지로서 자녀에게 하나님과 그의 말씀에 대해 가르쳐야 할 하나님 앞에서의 책임 등을 알려주라.

아이들이 인정하지 않을지 모르지만, 아이들에게는 방향과 경계가 필요하다. 비슷한 경험을 공유하는 것과 자녀만의 공간과 경험을 주는 것 간의 균형을 찾아가며 지혜의 인도하심을 따르라.

> **너는 마음을 다하여 여호와를 신뢰하고 네 명철을 의지하지 말라 너는 범사에 그를 인정하라 그리하면 네 길을 지도하시리라** | 잠언 3:5-6

따를 만한 사람이 되라

> 당신이 배를 만들고 싶다면, 사람들에게 목재를 가져오게 하고 일을 지시하고 일감을 나눠주는 일을 하지 말라. 대신 그들에게 저 넓고 끝없는 바다에 대한 동경심을 키워줘라. | 생텍쥐페리

엘리베이터 수다부터 영혼을 고스란히 내보이는 친밀한 대화까지 우리는 자녀와 다양한 유형의 소통을 하게 된다. 새로운 사람이나 상황에 대해 어떻게 생각해야 할지 모를 때 자녀는 우리를 바라본다.

자녀의 삶에 첫 번째 권위자로 과연 우리가 따를 만한 사람인지 자문해봐야 한다. 우리는 보스다. 그런데 좋은 보스인가? 좋은 보스의 척도는 영향력의 수준이다. 우리가 자녀에게 영향을 끼치게 되겠지만 좋은 영향인가 나쁜 영향인가?

예수님은 최상의 본이시다. 예수님을 가장 가까이에서 따랐던 이들은 예수님이 그들을 대적하시는 분이 아닌 그들을 위하시는 분이라는 데 한 치의 의심도 없었다. 이들은 예수님의 모든 지시가 자신의 유익을 위한 것임을 신뢰했다. 예수님의 인도하심을 따르라. 명령하지 말고 청하라. 직설적으로 말하라. 명료하게 말하라. 자녀의 곁을 지키라.

> 두 사람이 한 사람보다 나음은 그들이 수고함으로 좋은 상을 얻을 것임이라 혹시 그들이 넘어지면 하나가 그 동무를 붙들어 일으키려니와 홀로 있어 넘어지고 붙들어 일으킬 자가 없는 자에게는 화가 있으리라 | 전도서 4:9-10

적에 대한 공감

**관용은 신념의 부재가 아니라 그 신념 때문에
나와 동의하지 않는 이들을 어떻게 대하느냐의 문제이다.** | 팀 켈러

다른 견해를 가진 사람들에게 어려운 주제를 논의하게 만들면 반드시 갈등이 생긴다. 이는 깨어진 세상의 냉혹한 현실이다. 이 세상의 빛과 소금이 되도록 자녀를 준비시키는 최상의 방법은 이들에게 자신과 의견이 다른 이들을 어떻게 대해야 하는지를 가르치는 것이다.

먼저 사람은 헷갈릴 수 있고 못될 수 있고 아예 틀릴 수도 있지만, 예수님은 여전히 사람을 사랑하신다는 점을 일깨워주라. 진정한 적은 사람들이 하나님을 미워하고 예수님을 무시하려 만들기 위해 온갖 속임수를 쓰는 사탄이다.

다음으로는 관용을 성경적으로 이해시키라. 많은 이들이 관용을 진리와 하나님을 사랑하는 것보다 더 높은 최고의 덕으로 여긴다. 자녀에게 자신과 같은 신념을 갖지 않은 이들의 이야기에 예의 바르게 귀를 기울이는 것은 존경할 만한 행동이지만 이들의 신념에 동의할 필요는 없다는 점을 가르치라.

> 그러나 너희 듣는 자에게 내가 이르노니 너희 원수를 사랑하며 너희를 미워하는 자를 선대하며 너희를 저주하는 자를 위하여 축복하며 너희를 모욕하는 자를 위하여 기도하라 | 누가복음 6:27-28

감사한다고 말하라

**삶에서 중요한 것은 매사에 당연히 여기느냐
아니면 감사로 받느냐이다.** | G. K. 체스터턴

자녀에게 가장 먼저 가르쳐야 할 것 중 하나는 "감사해요"라는 말이다. 처음에는 누군가 무엇을 줬을 때 자동으로 나오는 반응으로 사용되겠지만 시간이 흐르면 삶의 표현방식이 될 수 있다.

감사는 예의범절의 차원을 넘어선다. 감사는 자기 연민을 거스르고 자족감을 고양시킨다. 감사는 신앙생활의 핵심이다. 성경은 거듭 하나님을 향한 감사를 표현하며 하나님의 모든 백성에게 감사에 참여하도록 독려한다. 노래로든, 기도로든, 기쁨의 탄성으로든 하나님은 우리가 드릴 수 있는 모든 감사를 받으시기에 합당하신 분이다.

감사 표현을 습관화하라. 저녁 식사 기도와 잠자기 전 기도에서의 감사를 넘어 자녀가 언제 감사해야 하는지 알려주라. 무지개처럼 단순한 것에 대한 감사일 수도 있고 새로운 직장과 같이 큰 것에 대한 감사일 수도 있다. 자녀에게 당신이 열심히 일하고 최선을 다하지만 공급하시는 분은 하나님이시며 삶에서 일어나는 모든 선한 일에 대하여 감사를 받으실 분은 하나님이시라고 말하라.

> 기도를 계속하고 기도에 감사함으로 깨어 있으라 | 골로새서 4:2

말로 표현되지 않는 것

> **언어가 생각을 감추기 위해 인간에게 주어진 것이라면
> 몸짓의 목적은 그 생각을 드러내는 것이다.** | 존 내피어

말이 소통에서 큰 비중을 차지하지만 때로는 바디랭귀지와 같은 비언어적 수단이 더 큰 영향을 미친다. 말없이 메시지를 전하는 비언어적 소통은 말보다 더 크게 울린다.

아이들은 말을 배우기 전부터 몸짓과 표정, 몸의 움직임으로 감정을 표현한다. 그렇기 때문에 우리 삶에서 계속적으로 언행일치가 되지 않는 경우에는 아이들이 우리의 행동을 보고 믿게 된다. 어조와 자세도 중요하다. 메시지를 제대로 전달하려면 어조와 자세를 지혜롭게 사용해야 한다.

명확하게 이야기하기 힘들 때 바디랭귀지가 존중과 위로의(혹은 정반대의) 메시지를 전달할 수 있다. 몸짓은 우리가 타인을 소중히 여기고 있음을 보여준다. 자녀에게 악수할 때 손을 굳게 잡고 눈을 맞추는 것이 얼마나 중요한지, 식탁 예절과 깔끔함, 자신감 있는 발걸음(실은 자신감이 없을 때도), 점심시간에 혼자 앉아 있는 친구와 함께 앉는 것이 얼마나 중요한지 가르치라.

> **불량하고 악한 자는 구부러진 말을 하고 다니며 눈짓을 하며 발로 뜻을 보이며 손가락질을 하며** | 잠언 6:12-13

세션 4 매뉴얼

커뮤니케이션의 목적

GOD'S PLAYBOOK FOR DADS

잘 지내고 있는지 궁금해서

**이긴다고 항상 1등이 되는 것은 아니다.
이긴다는 것은 지난번보다 더 잘한다는 의미다. | 보니 블레어**

    소통은 모든 관계의 생명줄이다. 소통은 몸에 피가 돌듯 관계가 흐르게 해준다. 성경은 가정에서 하나님을 기쁘시게 하고 우리 가정에 복이 되기 위해 성경적 지식과 원칙을 도모하고 사랑과 애정을 표현하고 높은 윤리적 기준을 독려하기 위한 목적으로 효과적으로 소통할 수 있는 수많은 방법을 제시한다.

    무작정 함께 걸으면서 자녀가 무슨 생각을 하는지 살피는 습관을 들이라. 이런 목적을 굳이 감출 필요도 없고 자녀가 하던 일을 중단시킬 필요도 없다. 물론 자녀가 어렸을 때는 이유를 물을 것이다. 그럼 이렇게 답하라. "그냥 잘 지내고 있나 궁금해서."

    구체적으로 칭찬할 거리를 찾아라. "잘했어!"라는 말은 "형이랑 간식을 나눠 먹었구나. 잘했어!"라는 말에 비하면 별 의미가 없다. 소통이 더 나은 행동을 위한 동기부여가 되는 모습을 지켜보라.

▎ **서로 돌아보아 사랑과 선행을 격려하며** | 히브리서 10:24

세우라

좋은 말은 가치가 크고 비용은 거의 들지 않는다.
| 조지 허버트

아버지의 칭찬은 자녀의 영혼에 종합비타민과 같다. 하지만 우리의 삶에 언행일치가 될 때만 효과가 있다. 아이들은 발바닥에 들러붙은 껌처럼 위선을 기가 막히게 알아차린다. 우리에게서 위선의 냄새가 나도 여전히 우리를 사랑하겠지만 신뢰는 무너질 것이다. 자녀에게 완벽을 기대하지 않듯 스스로에게 완벽을 기대해서는 안 된다. 하지만 말과 행동의 정직함에서는 기준을 세워야 한다.

이를 위해 다음의 몇 가지 표현을 사전에 추가하라. "사랑해," "내가 틀렸어," "아빠를 용서해줘." 자녀는 당신이 진심으로 하는 말인지 알아차릴 테지만 자녀와의 소통에서 이런 표현의 가치는 어마어마하다. 사랑과 애정이 습관이 된 상황에서 말을 한다면 자녀는 들을 준비가 된 상태로 당신에게 다가올 것이다.

무릇 더러운 말은 너희 입 밖에도 내지 말고 오직 덕을 세우는 데 소용되는 대로 선한 말을 하여 듣는 자들에게 은혜를 끼치게 하라 |
에베소서 4:29

은혜를 보이라

**세상의 절반은 하고 싶은 말이 있어도
하지 못하는 사람들이고 나머지 절반은 할 말이 없어서
계속 그 말을 하는 사람들이다.** | 로버트 프로스트

하나님은 우리에게 은혜가 필요하다는 사실을 아신다. 은혜의 가장 좋은 예는 구원이다. 예수님은 우리가 받을 자격이 없고, 노력한다 해도 결코 얻을 수 없는 선물을 우리에게 주셨다. 하지만 십자가는 우리 삶 전체를 감싸는 은혜의 모형에서 첫 번째 층위에 불과하다. 우리는 하나님의 은혜를 언제나 받을 수 있고 그 은혜는 언제나 효과가 있지만 자동적으로 주어지지는 않는다.

하나님의 선물을 받기로 함으로써 하나님과 동역 했듯이 가정에 은혜가 들어오는 문을 열겠다는 선택을 해야 한다. 가정이 은혜 속에 꽃을 피우면 구원이 한순간에 그치지 않고 하나님의 사랑과 능력, 자유가 일상 속에 퍼지게 된다.

은혜는 자녀에게 가장 중요한 것, 즉 직간접적으로 자녀에게 하나님을 가리키는 관계에 초점을 맞추게 해준다. 은혜로 자녀가 달라진다. 자신의 감정과 생각을 보다 솔직히 내비치고 실수에 두려움이 없어진다. 이 모든 것을 가능케 하는 은혜의 분위기를 만들라.

> 너희 말을 항상 은혜 가운데서 소금으로 맛을 냄과 같이 하라 그리하면 각 사람에게 마땅히 대답할 것을 알리라 | 골로새서 4:6

우선에 두라

**인생에서 평범한 일을 비범하게 할 때
세상의 주목을 호령하게 된다.** | 조지 워싱턴 카버

자녀를 우선시하는 것은 자녀 양육의 기본 요건이다. 하지만 자녀에게 최선이 무엇인지를 기준으로 결정하는 것과 자녀가 우리의 인생을 좌우하게 만드는 것은 완전히 다르다. 화내는 아빠나 친구 같은 아빠가 아니라 멋지지 못하지만, 기준을 고수하는 아빠의 역할을 해야 할 때가 올 것이다.

이런 순간에 당신의 자녀는 무슨 일이 있어도 당신이 자신을 사랑한다는 사실을 아는가? 자녀가 무슨 행동을 해도 좋아하거나(실은 안 좋지만), 자녀가 무슨 말을 하든 동의한다는(실은 아니지만) 의미가 아니다. 당신의 자녀가 온갖 방식으로 당신을 짜증나게 하고 실망시키고 화나게 만들 수 있다. 이들이 그런 행동을 했다고 말해도 괜찮다. 다만 이런 대화가 끝나면 그래도 여전히 당신이 아이를 사랑하고 있음을 알려주라. 마음 깊은 곳에서는 이미 알고 있을지 모르지만 이런 순간에는 꼭 다시 그 말을 들려줘라.

하나님의 사랑은 타인을 향해 있지만, 항상 그분의 진리와 함께 움직인다.

> 아무 일에든지 다툼이나 허영으로 하지 말고 오직 겸손한 마음으로 각각 자기보다 남을 낫게 여기고 | 빌립보서 2:3

도우라

**성공은 최종적인 것이 아니며 실패는 치명적이지 않다.
중요한 것은 용기다.** | 윈스턴 처칠

유명한 '사랑장'인 고린도전서 13장은 버거운 기준을 세운다. 이 말씀을 실천할 수 있는 유일한 방법은 우리를 통해 흘러가는 하나님의 사랑으로 진리와 사랑 간의 균형을 찾는 것이다. 자녀를 잘 사랑한다는 것은 자녀가 잘못했을 때도 계속 사랑한다는 의미다. 사람을 '호출한다'(calling someone out)와 '불러낸다'(calling someone up)는 말에는 상반된 두 가지 의미가 있다. 두 가지 모두 무언가 잘못했기 때문에 그 사실을 일깨워주는 것이 목적이다. 옳은 일을 할 능력이 전무한 듯 성격의 문제가 있다고 사람을 비난하는 것이 첫 번째 의미라면, 더 잘 할 수 있음을 상기시키는 것이 두 번째 의미다. 첫 번째 의미를 적용하면 "똑바로 하든지 아니면 하지 마"라는 말이지만 두 번째 의미라면 "더 잘 할 수 있어. 내가 어떻게 도와줄까?"가 된다.

어떤 의미로 사용하느냐에 따라 예수님이 우리를 사랑하셨듯이 우리도 자녀를 사랑하는 열쇠가 된다.

사랑은… 불의를 기뻐하지 아니하며 진리와 함께 기뻐하고 모든 것을 참으며 모든 것을 믿으며 모든 것을 바라며 모든 것을 견디느니라 |
고린도전서 13:4, 6-7

자유를 주라

정중함은 굴종이 아닌 존엄성의 표징이다.
| 시어도어 루스벨트

율법주의는 초대교회 때부터 크리스천들에게 문제가 됐다. 예수님도 필요하지만, 그 외에 무언가가(예수님과 희생, 예수님과 봉사, 예수님과 규칙 준수) 더 필요하다고 생각하는 사람은 누구든 거짓 복음을 가르치는 것이다(골 2:6-23). 규칙 준수는 가정과 사회 질서 유지에 도움이 된다. 하지만 신앙생활에서 규칙 준수가 은혜의 자리를 대신해서는 안 된다. 그것이 복음의 메시지다.

자녀에게 규칙 준수에 집착한 나머지 위험한 인물이 되었던 바울을 소개하라. 바울이 예수님을 만났을 때, 종교에서 관계로 초점이 바뀌었을 때, 규칙 준수에 대한 생각이 완전히 달라졌다. 우리가 가정에 제시하는 모든 규칙은 관계의 측면에서 살펴봐야 한다.

은혜가 가득한 가정에서는 미디어 취향이나 패션, 농담에 관해서 가족의 취향을 고려할 수 있는 공간이 있다. 토론에는 성경적 원칙이 필요하지만 무조건 예수님만 들먹여서는 안 된다. 자녀에게 예수님과의 관계를 삶으로 실천하는 이들을 소개해주라. 이를 통해 매사에 성경적으로 처리하는 가정이 우리의 가정만이 아님을 알게 될 것이다.

> 그리스도께서 우리를 자유롭게 하려고 자유를 주셨으니 그러므로 굳건하게 서서 다시는 종의 멍에를 메지 말라 | 갈라디아서 5:1

전진하게 하라

성공은 넘어졌을 때 한 번 더 일어서는 것이다.
| 올리버 골드스미스

아빠로서의 첫 번째 본능은 모든 위험으로부터 자녀를 보호하는 것이다. 하지만 그것이 불가능하다는 사실을 이내 깨닫게 된다. 자녀가 실패하거나 상처받는 모습을 보면 심장을 쥐어짜는 듯이 고통스럽지만, 퇴보를 건설적으로 생각하는 법을 배우기 위해서는 이런 과정이 필수적이다.

자녀를 위로한 후에는 회복력을 가르치라. 속도를 늦추고 무슨 일이 벌어졌는지 생각하도록 도우라. 하나님께 자녀를 위로해주시기를 구하고 상황을 조명해주시기를 구하는 기도를 하도록 자녀를 이끌라.

실패가 영원하지 않음을 일깨워주라. '항상'과 '결코'라는 단어는 하나님께만 써야 한다. 하나님이 항상 주도권을 쥐고 계시며 항상 이들을 위하시고 이 상황을 통과할 수 있도록 이들을 이끄실 수 있다. 하나님은 결코 모르지 않으시며, 결코 무심하지 않으시고, 결코 냉담하지 않으신다.

> 모든 성경은 하나님의 감동으로 된 것으로 교훈과 책망과 바르게 함과 의로 교육하기에 유익하니 이는 하나님의 사람으로 온전하게 하며 모든 선한 일을 행할 능력을 갖추게 하려 함이라 | 디모데후서 3:16-17

참아주라

**우리 삶의 모든 행동이 누군가의 심금을 울려
영원까지의 떨림으로 이어간다.** | 에드윈 허블 채핀

하나님은 우리의 경험을 허비하지 않으신다. 특히 나쁜 경험을 허비하지 않으신다. 우리의 역경을 비슷한 고통을 가진 다른 이들과 공감하는 데 사용하시거나 겸손을 가르쳐 타인의 실수와 죄를 판단하지 않으면서 돕게 하는 데 사용하신다.

자녀의 실수 중 몇 가지를 쉽게 알아차리는 이유는 어린 시절 우리가 똑같은 실수를 했기 때문이다. 자녀는 나보다 나은 존재가 되기를 바라기 때문에 나와 같은 실수를 하는 모습을 보면 미칠 것 같다. 하지만 유사성이 경멸로 이어져서는 안 된다. 생각도 해본 적이 없는 참신한 잘못을 하기도 한다. 어느 경우든 의도적으로 은혜를 보여줘야 한다.

서로 짐을 지라는 바울의 말은 "온유한 심령으로"(갈 6:1) 서로 죄의 결과에 대처할 수 있도록 도우라는 구체적인 의미를 내포하고 있다. 이런 접근방식은 우리의 자녀를 치유하고 하나님과 동행하는 삶을 회복시켜 준다. 나아가 세상에 강력한 증거가 된다.

> **너희가 짐을 서로 지라 그리하여 그리스도의 법을 성취하라** | 갈라디아서 6:2

전략
세션

5

충분한 영양 보충

GOD'S PLAYBOOK FOR DADS

금을 파내라

**성경을 읽는 시간이 길어질수록 성경을 더 좋아하게 된다.
성경이 더욱더 달게 느껴진다. 성경의 영으로 더 깊이 들어가게 되고
그리스도의 영으로 더 깊이 들어가게 된다. | 윌리엄 로메인**

성경은 아빠의 지침서다. 그 얘기는 우리가 성경을 주기적으로 참고해야 함에도 한편에 치워두고 그때그때 즉흥적으로 대처하려 했다는 의미다.

성경의 진실성과 신뢰성을 뒷받침하는 연구는 매우 탄탄하고 다양하지만, 성경 자체가 그 능력을 증거한다. "모든 성경은 하나님의 감동으로 된 것으로 교훈과 책망과 바르게 함과 의로 교육하기에 유익하니"(딤후 3:16).

하나님은 그분의 말씀을 통해 우리에게 이야기하고자 하신다. 이것만으로도 흥분이 되고 기대가 되겠지만 이런 측면도 생각해보라. 최고의 아빠가 되기 위해서는 최고의 남자가 되어야 하고 최고의 남자가 되기 위해서는 하나님 아버지가 우리에게 무슨 말씀을 하시는지 알아야 한다.

> 내가 옛날을 기억하고 주의 모든 행하신 것을 읊조리며 주의 손이 행하는 일을 생각하고 | 시편 143:5

영혼의 양식

하나님의 계시인 성경은 우리가 얻고 싶어 하는 모든 정보를 제공하거나 인간을 당혹게 하는 모든 질문을 해결하기 위해서가 아니라 영원한 안식처로 가는 안전한 길잡이가 되기에 충분하도록 기록됐다.
| 알버트 반즈

하나님의 말씀은 우리에게 방향을 제시한다. 우리의 영혼을 살찌우고 우리에게 지혜와 방향과 통찰을 준다. 성경 읽기가 습관화되어 있지 않다면 오늘부터 시작하라. 10분간 요한복음을 읽어라. 요한복음을 다 읽을 때까지 매일 10분씩 읽어라.

이해가 잘 안 되어도 괜찮다. 하나님의 도움을 구하고 다른 번역본을 읽거나 성경 공부를 하거나 앱을 사용하라. 하루를 빼먹어도 괜찮다. 다음날 다시 시작하면 된다. 하루 빠졌다고 아무 소용없다고 생각하지 마라.

오랜 시간에 걸쳐 입증된 관찰과 해석, 적용의 방법을 사용하라. 성경을 읽으면서 세 가지 질문을 해보라. 성경이 무엇을 말하는가? 어떤 의미인가? 나에게는 어떤 의미인가? 처음에는 힘이 들지만 분명 우리에게 유익이 되고, 지혜와 선한 본으로 준비된 우리를 보며 우리의 자녀에게도 유익이 될 것이다.

▎ 여호와여 주의 도를 내게 보이시고 주의 길을 내게 가르치소서 | 시편 25:4

안 할 수 있겠는가?

**기도는 인간의 약함을 하나님의 힘으로 붙들고
인간의 어리석음을 천상의 지혜로 바꾸고
괴로운 영혼에 하나님의 평안을 준다. | 찰스 스펄전**

기도할 시간이 있는 사람이 어디 있을까? 주기적으로 기도해야 한다는 사실은 알지만, 삶의 분주함 속에서 하나님께 초점을 맞추고 하나님의 음성을 듣는 데 집중한다는 것이 요원하게 느껴질 수 있다.

분주한 날(아버지가 되고 나서는 허다한 분주한 날)에는 사실 기도가 필요하다. 자동차에 기름이 필요한 것과 같은 원리다. 하나님의 귀에 이야기할 기회를 주는 기도는 공구함에서 가장 저평가되는 도구다. 하나님은 우리의 이야기를 듣고 싶어 하신다. 아쉬울 것이 있는 친구로서가 아니라 온 우주의 주권자 하나님, 우리를 기꺼이 돕고자 하시며 도우실 수 있는 그분이 우리의 이야기를 듣고 싶어 하신다.

분주함이 우리와 하나님의 사이를 가로막도록 내버려 두는 것은 후드 아래 삐거덕거리는 소리를 무시하다가 생전 처음 가본 곳에서 갓길에 고장 난 차를 세우고 망연자실하는 것에 비견할 만한 실수다. 물론 자동차 엔진과 달리 하나님은 도울 준비를 하고 여전히 그 자리에 계실 테지만 말이다.

> 우리가 주 앞에 간구하옵는 것은 우리의 공의를 의지하여 하는 것이 아니요 주의 큰 긍휼을 의지하여 함이니이다 | 다니엘 9:18

전략세션 5 : 충분한 영양 보충 133

기도의 장애물

> 기도 생활이 너무 짧고 너무 쉽고 너무 영적이라서
> 어떤 대가 지불도, 부담도, 땀 흘림도 없다면 아직 기도를
> 시작하지 않았기 때문이다. | 알렉산더 화이트

항상 기도할 거리가 있다. 그래서 바울은 "쉬지 말고 기도하라"(살전 5:17)라고 했다. 예수님도 기도하라고 하셨다. 그렇기 때문에 기도하지 않는 것은 불순종이다. 그렇다면 기도 생활을 가로막는 장애물은 무엇일까? 지나친 분주함에서 오는 특정 행동들이 기도의 힘을 무력화시키는 장애물을 만든다.

하나님께 주기적으로 죄를 고백하고 있는가? 기도가 의무처럼 느껴지는가? 하나님이 하라고 말씀하신 것이 있는데 아직 안 하고 있는가? 풀리지 않은 갈등이 있는가? 이 모든 것이 기도를 힘들게 만든다.

기도는 보좌에 앉아 계신 하나님을 상기시켜준다. 이 사실을 기억할 때 모든 문제들을 제대로 볼 수 있다. 기도는 이러한 문제들에 대처할 수 있도록 도와 분주함에서 살아남을 뿐 아니라 분주함 속에서도 탁월함에 이를 수 있게 해준다.

> 그를 향하여 우리가 가진 바 담대함이 이것이니 그의 뜻대로 무엇을 구하면 들으심이라 | 요한1서 5:14

성령의 세우심

**하나님께 우리의 마음을 드리면서
우리 몸을 우리의 소유로 둘 수 없다.** | 엘리자베스 엘리엇

주기적 운동은 원만한 삶의 중요한 요소다. 운동을 좋아할 수도 있고 마지못해 할 만한 것을 찾고 있을 수도 있다. 기혼자라면 수많은 다이어트를 해봤고 아마도 그중 효과가 있는 식단에 정착했는지도 모르겠다.

대부분의 남자들에게 운동의 핵심은 꾸준히 하는 것, 혹은 가능하다면 즐기는 것이다. 현실적인 목표를 세우고 통상적인 수준으로 습관화하라. 말랑말랑한 느낌(껴안았을 때 좋은 느낌을 떠올려보라!)과 탄탄한 몸 간의 균형점을 찾아라. 모든 아빠들의 만수무강을 기원한다!

운동에 들이는 시간이 가족을 위한 시간을 잠식해서는 안 된다. 거울에 비친 모습이나 다른 사람들이 아닌 운동에 집중하라.

중요한 것은 성령의 전을 잘 돌보는 것이다(고전 6:19-20). 건강하면 하나님이 우리를 언제 어디로 보내시든 하나님을 섬길 가능성이 올라간다. 하나님을 섬기는 일에는 가족을 위해 아빠의 자리를 지키는 것도 포함된다.

> **육체의 연단은 약간의 유익이 있으나 경건은 범사에 유익하니 금생과 내생에 약속이 있느니라** | 디모데전서 4:8

관계 지향

> 예수님은 말씀하셨다. "그보다 큰일도 하리니…"
> 파괴자가 아닌 평화를 세우는 자, 다리를 짓는 자가 돼라.
> 우정과 관계, 진정한 성품을 통해 이 일을 하라. | 라비 자카리어스

자녀가 그리스도를 섬기기로 선택할 것이라고 보장할 수는 없지만, 자녀가 그리스도를 알게 할 수는 있다. 어렸을 때부터 하나님이 지으신 모든 것과 하나님의 선하심에 대한 모든 이야기를 들려주라. 자녀가 자라면 자녀의 관심사와 이런 주제에 대한 성경적 관점 간의 연결점을 찾아보라.

저녁 식사 시간이나 잠자리에 들기 전뿐 아니라 하루 중 부침을 겪는 동안에도 자녀에게 하나님의 모든 복에 대해 이야기하라. 가족을 세우신 분이 하나님이라는 사실을 알려주고 사랑이 넘치는 가정 속에 있는 것이 얼마나 큰 행복인지 이야기하라.

자녀가 예배하고 성경 공부를 하도록 이끌라. 나이에 맞게 성경을 가르칠 수 있는 방법을 찾고 성경을 시작으로 자녀를 둘러싼 세상의 방식을 이해하도록 하라.

> 무엇보다도 뜨겁게 서로 사랑할지니 사랑은 허다한 죄를 덮느니라 |
> 베드로전서 4:8

얼마나 다행인가

> 우리는 우리 죄가 우리의 증거에 미치는 영향과 타인에게 미치는 악한 영향에 안타까워하면서 하나님과의 교제가 깨어진다는 점에는 별로 신경을 쓰지 않는다. 이로 인해 문제의 심장부를 건드리지 못하고 결국 얄팍하고 부족한 고백에 그치고 만다. | 반스 헤브너

누구도 완벽하지 않다. 그렇기 때문에 우리 모두에게 은혜가 필요하다. 우리가 죄를 고백하고 회개하면 은혜를 받는다. 자녀에게 이 중요한 조건을 이해시키라.

'자백하다(confess)'란 말은 누군가와 동의한다는 의미다. 죄의 관점에서 자백은 우리가 죄를 지었다는 사실에 대해 하나님과 동의한다는 의미다.

'회개하다(repent)'라는 말은 무언가로부터 돌이킨다는 의미다. 죄에서 하나님께로 돌이킨다는 의미다. 하나님께로 돌이키면 사람들과의 관계를 어떻게 바로잡아야 할지도 깨닫게 된다.

자백은 판도를 완전히 바꾸어 놓는다. 자녀가 자백하도록 이끌어주어야 하지만, 우리가 자녀에게 잘못했을 때에 우리도 자백해야 한다. 그럴 때 우월감이 사라진다. 또 자백을 통해 우리가 변화되고 죄의 무게가 사라지고 복음의 진리 가운데 행하게 되며 우리 자녀도 그 길을 걷도록 인도할 수 있다.

> 만일 우리가 우리 죄를 자백하면 그는 미쁘시고 의로우사 우리 죄를 사하시며 우리를 모든 불의에서 깨끗하게 하실 것이요 | 요한1서 1:9

가족 전문가

지혜로운 아버지는 자기 자녀를 안다.
| 윌리엄 셰익스피어

우리보다 우리 가족을 잘 아는 사람은 없다. 하나님은 우리를 가정의 기준으로 만드셨다. 구단주가 막대한 투자를 한 팀의 선수들을 스카우트하고 훈련시킬 감독을 영입하는 것과 마찬가지다. 최고의 감독은 선수를 선수로서만이 아니라 온전한 사람으로 아끼는 감독이다. 경기는 이기기도 하고 지기도 하지만 경기의 승패는 성품을 세우는 것에 비하면 부차적이다.

자녀의 필요, 기질, 경험, 두려움, 기쁨, 어려움, 성공 등 자녀에 대해 알아야 할 것이 무엇인지 배우라. 읽어야 할 것을 읽고 지혜로운 사람들과 이야기하고 자녀에게 관심을 기울이라. 이들에게 심중을 드러낼 만한 질문을 해보라. "10억 원이 생긴다면 뭘 할 거야?" "가장 좋아하는 _____ (운동, 책, 영화, 양자물리학 분야)는 뭐니?"

자녀가 내성적인지, 외향적인지, 개척자인지, 양육자인지, 자녀의 기질을 파악하고 자녀의 사랑의 언어를 파악하여 이 정보들을 자녀와 소통할 때 활용하라. 이를 위해 노력이 필요하지만, 충분히 값진 보상이 될 것이다.

> 내가 모든 사람에게서 자유로우나 스스로 모든 사람에게 종이 된 것은 더 많은 사람을 얻고자 함이라 | 고린도전서 9:19

세션 5 매뉴얼

1. 성령의 열매

GOD'S PLAYBOOK FOR DADS

결실함

**하나님은 종교적 사이코들보다
성령의 열매를 좋아하신다.** | 아드리안 로저스

    그리스도를 영접하면 성령님이 우리의 초자연적인 도우심이 되셔서 우리가 예수님을 더 닮아가도록 인도하신다. 성경의 표현을 빌자면 성령님은 "성령의 열매"가 우리 안에 맺히도록 일하신다.

    성령의 역사가 정말 놀라운 이유는 우리가 아닌 '성령님'이 일하시기 때문이다. 가지에 달린 잘 익은 사과를 떠올려보라. 사과를 만들려고 나무가 진땀을 흘려가며 수고했는가 아니면 사과나무들이 하는 일의 일부로 열매가 맺힌 것인가?

    성령님도 그렇게 우리 안에서 일하신다. 우리 자신의 힘으로는 성령의 열매를 맺을 수 없다. 우리가 할 일은 성령님이 열매를 키우실 공간을 만드는 것이다. 믿음을 실천하는 삶, 하나님을 삶의 모든 영역에서 최우선으로 삼는 삶, 그분의 권위에 복종하는 삶, "옛 사람"(그리스도를 만나기 전의 습관과 태도)을 제거할 모든 기회를 활용하는 삶을 사는 것이다. 그럴 때 성령님이 원하시는 열매가 우리 안에 맺힌다.

> 오직 성령의 열매는 사랑과 희락과 화평과 오래 참음과 자비와 양선과 충성과 온유와 절제니 이같은 것을 금지할 법이 없느니라 | 갈라디아서 5:22-23

사랑

**나는 사랑할 수밖에 없는 사랑,
하나님처럼 오직 사랑을 위한 사랑을 원한다.**
| A. B. 심슨

자녀에게 사랑에 관해 물으면 생각하지도 못한 자녀의 생각이 드러난다. 하나님이 우리를 사랑하시는 방식, 즉 우리의 최선을 위해 자신을 완전히 내어 주신 그 방식에 맞닿은 놀라운 통찰력으로 딸이라면 얼굴을 붉히고, 아들이라면 옷 속에 바닷가재라도 기어가듯 꿈틀거리는 자연스러운 몸짓을 보게 될 것이다. 참 사랑스럽다(하지만 굳이 말해서 아이를 당황하게 하지는 마라).

자녀의 나이에 맞게 세상의 사랑 방식과 성경에서 말하는 사랑이 어떻게 다른지 설명하라. 세상의 사랑은 지속적인 관계의 토대가 되어 주지 못하는 일시적인 감정과 행복에 초점을 맞춘다.

하지만 하나님의 사랑은 모든 자녀를 위해 최선을 다하시겠다는 하나님의 선택이다. 그 사랑은 하나님이 결코 자녀를 향한 사랑을 그치지 않으실 것이기에 신뢰할 수 있다. 이에 대한 반응으로 우리는 하나님이 우리를 사랑하시듯 사람들을 사랑하는 데 최선을 다해야 한다.

> 이로써 사랑이 우리에게 온전히 이루어진 것은 우리로 심판 날에 담대함을 가지게 하려 함이니 주께서 그러하심과 같이 우리도 이 세상에서 그러하니라 | 요한1서 4:17

희락

온전히 혹은 기쁘게 그리스도께 복종하는 사람은
잘못된 선택을 할 수가 없다. 어떤 선택을 하든 옳은 선택이다.
| A. W. 토저

희락은 행복과 기쁨을 뜻한다. 세상과 성경 모두 "희락"이라는 단어로 같은 의미를 전달하지만, 희락, 기쁨의 작동 방식에서는 큰 차이가 있다. 세상의 기쁨은 환경에 따라 좌우된다. 상황이 좋을 때만 기쁘다. 상황이 힘들어지면 기쁨은 금세 사라진다.

하지만 예수님께 꼭 붙어있는 크리스천에게는 안 좋은 일이 생겨도 기쁨이 사라지지 않는다. 그리스도의 기쁨의 토대는 결코 변치 않는 영적 환경이기 때문이다. 최악의 시나리오가 현실이 되어 우리가 출근길에 코뿔소에게 들이 받히는 일이 생겨도 우리의 자녀는 천국에서 아빠를 다시 만날 수 있다는 사실에 위로를 받을 것이다.

삶에서 아무리 힘든 일이 일어나도 성령님이 결코 우리를 떠나지 않으실 것이기에 경건한 기쁨은 항상 소망을 준다.

> 그의 영광의 힘을 따라 모든 능력으로 능하게 하시며 기쁨으로 모든 견딤과 오래 참음에 이르게 하시고 | 골로새서 1:11

화평

> 우리와 하나님 사이를 가로막는 구름이 없을 때 화평이 온다.
> 화평은 용서, 즉 하나님이 그분의 얼굴을 가리고 그분과의 연합을
> 방해하는 것을 제거하신 결과이다. | 찰스 H. 브렌트

세상은 어떤 종류가 되었든 지속적인 평안을 주지 못한다. 왜냐하면 하나님과 화평케 하시기 위해 죽으신 예수님과 아무 상관이 없기 때문이다. 예수님이 없는 모든 사람은 평화를 절박하게 바라지만 죄로 인해 지속적인 것은 그 무엇도 얻지 못하는 상황에 매여 있다.

하나님의 선지자들은 "만사가 다 잘 되고 있다"고 말하며 부러진 다리(마음)에 반창고나 붙여주는 이들을 경멸하시는 하나님의 마음을 전했다. 일시적 갈등을 해소하면 일시적 평안을 경험할 수도 있지만, 오직 예수님만이 궁극적 갈등, 즉 우리와 하나님 사이의 간극을 해결하실 수 있다.

예수님이 이 갈등을 해결해 주시면 성령님이 평안을 주신다. 성령님이 열매를 맺으시도록 길을 열어드리라. 하나님이 하나님 되심을 기뻐하고, 기도 가운데 하나님께 모든 두려움과 염려를 맡기고, 당신의 생각을 그분의 진리로 채우고, 선한 일을 생각하라(빌 4:6-8).

> **육신의 생각은 사망이요 영의 생각은 생명과 평안이니라** | 로마서 8:6

오래 참음

**인내가 모든 것의 열쇠다.
알을 내리치는 것이 아니라 알을 품어야 병아리가 나온다.**
| 아놀드 H. 글래스고

이 시대는 인내가 참 부족하다. 크리스천들 사이에서도 일이 틀어지면 누군가 우리에게 인내를 주시기를 기도했기 때문이라며 농담 반, 진담 반으로 얘기한다. 삶을 경건하고 잠잠하게 살아가기 위해 인내가 필요하다는 사실을 우리도 잘 알지만, 시련과 역경을 통해서만 인내를 배우게 되는 듯하다.

성경적으로 보면 이 말이 맞다. 하나님은 사람들이 예수님께 나아오기를 기다리며 놀랍게 인내하고 계신다(벧후 3:9). 하나님의 백성은 그리스도를 위해 살고 사랑하는 이들에게 복음을 전하며 십자가로 나아가기를 소망하며 인내해야 한다.

인내가 요구될 때, 특별히 자녀에 대한 인내가 필요할 때에 이 큰 그림을 기억하라. 하나님이 성마른 판단을 참는 것과 비판하는 것에 대해 당신에게 가르치시는 교훈을 배우라. 자녀와 함께 하는 데 집중하라. 이를 통해 자녀가 세상에서는 발견할 수 없는 하나님의 사랑을 보게 될 것이다.

> 게으르지 아니하고 믿음과 오래 참음으로 말미암아 약속들을 기업으로 받는 자들을 본받는 자 되게 하려는 것이니라 | 히브리서 6:12

친절함

> 친절은 열정이나 달변, 배움보다
> 더 많은 죄인을 회심시켜왔다.
> | 프레드릭 W. 파버

성령님이 우리의 삶에 주시는 평강과 인내는 친절함으로 가는 길을 열어준다. 성경은 친절함에 대해 이야기하면서 "베풀다"(삼하 9:1)나 "옷 입다"(골 3:12)와 같은 동사를 사용한다. 이는 친절함에 행동이 필요함을 보여준다. 누군가에 대해 친절한 생각을 품을 수 있지만, 성령의 열매로서의 친절은 우리 안에서, 그리고 우리를 통해 역사하여 결국 우리가 그 사람에게 친절을 베푸는 지점에 이르는 것이다.

친절하기 힘들 때도 있다. 그럴 때는 당신 안에서 성령님의 역사를 가로막는 것이 무엇인지 생각해보라. 바울은 우리가 "모든 악독과 노함과 분냄과 떠드는 것과 비방하는 것"을 버리고 "서로 친절하게 하며 불쌍히 여기며 서로 용서하기를 하나님이 그리스도 안에서 너희를 용서하심과 같이 하라"(엡 4:31-32)고 명한다.

> 그러므로 너희가 더욱 힘써 너희 믿음에 덕을, 덕에 지식을, 지식에 절제를, 절제에 인내를, 인내에 경건을 경건에 형제 우애를, 형제 우애에 사랑을 더하라 | 베드로후서 1:5-7

선함

**경건한 삶의 방식만큼 전염성이 높은 것은 드물다.
우리는 날마다 몸을 부대끼며 살아가는 이들에게 이런 도전이 필요하다.
잘난 척하지 말고 설교하지 마라. 그저 끝내주게 깨끗한 삶을 살아라.
그저 지극히 선하고 일말의 위선도 없이 뼛속까지 정직하라.** | 척 스윈돌

선함은 친절과 밀접한 관련이 있지만 선함의 핵심은 의를 행하는 것, 즉 하나님이 옳다고 하신 일을 하는 것이다. 옳은 일을 한 문장으로 표현하면 우리 이웃을 우리 자신처럼 사랑하는 것이다.

대상이 자녀일 때는 이 말씀을 실천하기가 쉬운데 자녀가 서로에게 선한 일을 행하도록 하려니 갈피가 잡히지 않는다. 한 번에 하나씩 문제를 해결해가는 과정에서 상호성의 원칙, 즉 받기 위해 주는 원칙을 생각해보라.

크리스천의 관점에서 받은 만큼 돌려주기를 기대하며 타인에게 선한 일을 하는 것은 위험하다. 예수님은 그렇게 일하지 않으셨다. 예수님은 하나님이 기뻐하시는 일이기에 선한 일을 하라고 말씀하셨고 그것으로 충분했다. 하나님의 은총을 얻기 위해 할 수 있는 선한 일이 있었다면 십자가가 필요치 않았을 것이다.

▎ **빛의 열매는 모든 착함과 의로움과 진실함에 있느니라** | 에베소서 5:9

신실함

**하나님은 늘 신실하셔서 나를 다듬고
더 나은 사람으로 만들어줄 사람들로 나를 두르신다.**
| 토비맥

신실함은 믿음직하고 신뢰할 만하다는 의미다. 이런 요건을 가장 완벽하게 충족하는 분이 하나님이시다.

모든 사람은 무언가를 믿는다. 그리스도께 나아오기 전에는 자신이 가장 중요하다고 생각하는 것, 자신의 바람을 믿는다. 그러다 자신의 의가 하나님의 의 앞에서는 누더기만도 못하다는 사실을 깨닫고 믿음을 잘못된 곳에 두었음을 알게 된다.

어떤 이들은 믿음 그 자체를 믿는다. 하지만 믿음 그 자체는 누구도 구원할 수 없다. 오직 예수 그리스도만이 우리를 구원하실 수 있다. 오직 예수님만이 우리의 믿음, 즉 예수님이 누구시며 우리를 위해 십자가에서 무엇을 하셨는지에 대한 신뢰를 받기에 합당한 분이시다.

우리가 맞닥뜨리는 모든 상황 속에서 주님이 주님 되심을 지키시며 옳은 일을 하실 주님의 끊임없는 신실함에 대한 반응으로 우리가 하나님을 믿을 때 우리 안에서 성령님이 맺으시는 열매인 우리의 믿음을 그분께 드리게 된다.

> **오직 하나님은 미쁘사 너희가 감당하지 못할 시험 당함을 허락하지 아니하시고 시험 당할 즈음에 또한 피할 길을 내사 너희로 능히 감당하게 하시느니라** | 고린도전서 10:13

온유함

**온유함만큼 강한 것은 없으며
진정한 힘만큼 부드러운 것은 없다.**
| 프랜시스 드 세일즈

온유함과 겸손은 햄버거와 감자튀김 같은 관계다. 어떤 이들은 성경이 유순함이라고도 표현하는 온유함이 다른 사람들, 특히 우리 자녀가 우리에게 함부로 하도록 내버려 두는 약함과 같은 것으로 생각한다. 하지만 오해다. 온유함은 은혜로 제어된 힘이다.

예수님은 온유함의 가장 좋은 본이시다. 성전에서의 예수님을 떠올려보라. 상인들을 몰아내시고 이들의 상을 엎으셨다. 손만 한 번 흔드셨으면 모두 석기 시대로 내쫓으실 수도 있었지만, 예수님은 하나님의 거룩하심과 상인들이 바가지를 씌웠던 예배자들에 대한 공의를 지키기 위해 화를 제어하셨다.

가정을 섬기며 자기 유익을 포기하고 가정의 최선을 위해 싸울 때 우리는 온유함을 드러내는 것이다. 사랑으로 가족의 잘못된 점을 바로 잡아주고 참된 연합과 회복을 구한다면 이는 성령님이 우리 안에서 온유함의 열매를 맺고 계시기 때문이다.

> 주의 종은 마땅히 다투지 아니하고 모든 사람에 대하여 온유하며 가르치기를 잘하며 참으며 거역하는 자를 온유함으로 훈계할지니 혹 하나님이 그들에게 회개함을 주사 진리를 알게 하실까 하며 | 디모데후서 2:24-25

절제

> 성령님의 목적이 사람을 절제의 자리로
> 이끄시는 것임을 안다면 수동성에 빠지는 대신
> 영적 생활에서 현격한 진보를 이뤄야 마땅하다. | 워치만 니

우리가 지금까지 읽은 성령의 열매인 그리스도의 성품을 더 많이 나타내게 된다고 하더라도 옛 습관과 경향을 거부하기 위해서는 우리 안에 성령의 능력이 필요하다.

절제는 우리 안에 성령님의 역사가 나열되기 직전에 나오는 "육체의 일"에 끊임없이 저항한다는 의미다. 성령님은 우리에게 이러한 행위와 이런 행위에 불 지피는 욕망을 단호히 거절할 힘을 주신다.

영적인 의미에서 우리는 모두 농부다. 우리는 부패한 행위로 귀결되는 씨를 뿌리거나, 아니면 성령을 위하여 심어 성령으로부터 "영생"을 거둔다(갈 6:8). 잘 심는 것은 평생의 싸움이지만 예수님 때문에 우리는 승자의 편에 서 있다. 확신을 가지고 당신의 삶에, 자녀의 마음에 성령의 씨를 심으라.

> 하나님이 우리에게 주신 것은 두려워하는 마음이 아니요 오직 능력과 사랑과 절제하는 마음이니 | 디모데후서 1:7

세션 5 매뉴얼

2. 진리의 탐구

GOD'S PLAYBOOK FOR DADS

하나님의 임재 구하기

**단순히 읽고 묵상하는 것이 아니라 시편 기자의 말대로
성경의 달콤함과 능력을 추출해내는 "종일 묵상"이다.**
| 제임스 스토커

성경은 하나님의 임재를 구하는 것에 대해 거듭 이야기한다. 무슨 의미일까? 하나님은 어디나 계시며 어떤 의미에서 항상 임재해 계신다. 하나님은 약속하신 대로 크리스천인 우리와 항상 함께하신다(마 28:20).

하나님의 임재를 구한다는 것은 하나님이 얼굴을 마주하고(문자 그대로 얼굴을 맞대는 것은 아니다!) 날마다 의지를 가지고 그분을 신뢰하고 그분을 바라보는 것을 의미한다. 사도 바울이 기록한 것처럼 "위의 것을" 생각하라(골 3:2).

우리는 대개 열쇠나 양말 한 짝처럼 우리가 잃어버린 것을 찾으려고 한다. 하나님은 사라지지 않으셨다. 하지만 삶의 문제들을 맞닥뜨리는 과정에서 분명한 목적의식을 가지고 지속적으로 그분을 찾고 신뢰하지 않으면 우리는 길을 잃어버리게 될 것이다. 그렇기 때문에 성경적 묵상은 의식을 비우는 것이 아니라 하나님께 집중하고 삶의 분주함 속에서 하나님을 생각하는 법을 배우는 시간이다. 빌립보서 4:8에서 그 방법을 제시하고 있다.

> **무엇에든지 참되며 무엇에든지 경건하며 무엇에든지 옳으며 무엇에든지 정결하며 무엇에든지 사랑 받을 만하며 무엇에든지 칭찬 받을 만하며 무슨 덕이 있든지 무슨 기림이 있든지 이것들을 생각하라** | 빌립보서 4:8

진리에 대해 생각하라

**나는 진리를 발견한 곳에서
진리 그 자체이신 나의 하나님을 발견했다.
| 어거스틴**

삶을 이해하고 그 의미와 목적을 파악하는 것은 결국 진리의 탐색으로 귀결된다. 당연히 어디를 보고 있느냐가 중요하다. 2천 년 전 예루살렘 관정에서 예수님은 말씀하셨다. "무릇 진리에 속한 자는 내 음성을 듣느니라." 이 말씀에 빌라도는 물었다. "진리가 무엇이냐"(요 18:37-38). 하나님이 진리이시다. 그러므로 세상이 하나님을 거절하면 결코 진리를 알 수 없다.

하지만 우리는 하나님의 진리를 담은 가장 놀라운 기록을 볼 수 있다. 성경은 우리 모두를 향한 하나님의 메시지이며 그 생각과 내용과 목적이 일관되고 신뢰할 수 있는 책이다. 구약은 수천 번 "하나님께서 말씀하시되"라고 기록한다. 이것만으로도 성경은 다른 책들과 명확히 구별된다.

하지만 성경이 들려주는 이야기는 가히 충격적이다. 하나님이 선한 세상을 만드셨고 인간이 그 세상을 망쳤다. 그러자 하나님은 우리를 죄와 사망에서 되찾기 위해 계획을 세우셨다. 진리를 원하는가? 진리를 찾을 수 있다. 하나님의 말씀에 진리가 있다.

> 그가 그 피조물 중에 우리로 한 첫 열매가 되게 하시려고 자기의 뜻을 따라 진리의 말씀으로 우리를 낳으셨느니라 | 야고보서 1:18

의를 묵상하라

**용서가 덜어내는 것이라면 의는 더하는 것이다.
용서가 가도 된다는 허락이라면 의는 와도 된다는 허락이다.**
| 팀 켈러

경건하고 옳은 것을 생각하라는 바울의 말은 하나님을 따르는 고결함을 의미한다. 믿는 자로서 우리는 하나님이 삶을 진지하게 여기시는 것처럼 삶을 진지하게 받아들여야 한다. 우리가 무엇을 하느냐는 하나님과 다른 이들에게 중요하다.

영생의 빛 가운데 거하며, 인생은 짧고, 천국과 지옥이 실재하며, 하나님이 우리에게 주신 것으로 무엇을 했는지 책임을 물으실 것을 주지하며 살아야 한다. 하지만 자신을 너무 중요하게 생각해서는 안 된다.

예수님이 사람들과 어떻게 소통하셨는지 생각해보라. 예수님은 도덕적 우위에 계셨지만 절대 도덕적 우위에서 사람들을 내려다보지 않으셨다. 항상 사람들의 삶의 자리에서 사람들에게 말씀하셨다. 또한, 결코 메시지를 타협하지 않으셨다. 용서하시고 용서받은 자들에게 의의 길을 보이셨다. 우리는 자녀를 대할 때 이런 어조와 태도를 갖춰야 한다.

> **의인의 길은 정직함이여 정직하신 주께서 의인의 첩경을 평탄하게 하시도다** | 이사야 26:7

순결한 것을 깊이 생각하라

**순수하게 사랑하는 사람은
연인의 선물이 아닌 주는 자의 사랑을 생각한다.**
| 토마스 아 켐피스

순결은 오염되지 않고 정결하며 숨은 의도나 목적이 없는 순수함을 의미한다. 아기 때의 자녀를 보면서 순수함이 절로 떠올랐을지 모르겠다. 우리 안의 보호 본능은 이들의 순수함이 시간이 흐르면서 망가지는 모습에 마음 아파했을 것이다. 이들의 의지에 따른 행동이든 타인의 잔인함 때문이든 세상이 망가졌고 해롭다는 사실을 자녀가 깨닫는 모습을 보면 마음이 찢어진다.

하지만 예수님 때문에 그분의 순결함을 열망하며 우리를 죄에서 깨끗하게 하시며 영적 오염으로부터 우리를 보호하시는 하나님을 기쁘시게 하기로 결단할 수 있다. 우리는 염려와 성적 부도덕, 두려움, 그리고 분노와 끊임없이 싸워야 한다. 하지만 기도와 하나님의 말씀, 크리스천의 교제, 그리고 그리스도와 함께라면 넉넉히 이긴다는 믿음으로 무장하면 이 싸움에서 승리할 수 있다.

> 그러므로 땅에 있는 지체를 죽이라 곧 음란과 부정과 사욕과 악한 정욕과 탐심이니 탐심은 우상 숭배니라 | 골로새서 3:5

존경할 만한 자를 인정하라

**우리 안에 사랑이 자라기 때문에 아름다움도 자란다.
사랑은 영혼의 아름다움이기 때문이다.**
| 어거스틴

참된 아름다움은 눈만이 아니라 마음과 영혼을 울린다. 세상은 "육신의 정욕과 안목의 정욕과 이생의 자랑"(요일 2:16), 육체적 쾌락과 물질, 소유와 성취에 대한 교만함으로 타오르고 있다. 마케팅 행사와 SNS를 통해 전달되는 메시지는 외모에 대한 집착을 보여준다. 또한 우리 자녀들에게 거짓된 이상과 위험하리만큼 비현실적인 기대를 모방하라고 강요한다.

자녀를 참된 아름다움으로 인도하라. 성경은 꽃이든 사람이든 육신의 아름다움은 시간이 지나면 스러지지만 참된 아름다움은 하나님이 귀히 여기시는 온유하고 잠잠한 영혼 속에 존재한다고 분명히 밝힌다. 하나님이 도우시면 누구나 이 목표를 추구하며 달성할 수 있다.

죄로 상한 세상 속에서도 우리는 여전히 아름다움을 발견할 수 있다. 우리의 눈을 덮고 있는 비늘을 벗기기만 하면 된다. 당신의 영혼을 하나님의 말씀으로 먹이라. 합당함에 대한 하나님의 기준으로 자녀를 인도하라.

> 내가 보는 것은 사람과 같지 아니하니 사람은 외모를 보거니와 나 여호와는 중심을 보느니라 | 사무엘상 16:7

탁월한 자를 면밀히 살피라

> 예수 그리스도가 당신과 나에게 말씀하실 때 그분은
> 우리 스스로를 이해할 수 있게 해주셨고, 십자가 때문에 자신에 대하여
> 죽을 수 있게 해주셨다. 참된 당신이 태어날 수 있게 해주셨다는 사실을
> 아는 것이 얼마나 놀라운 일입니까? | 라비 자카리어스

우리의 자녀는 덕과 탁월함에 대해 뒤틀린 관점을 강요하는 세상에서 성장하고 있다. 물질의 축적이나 사회의 가장 높은 지위에 도달하는 것과 같은 성취에서 궁극적 가치를 발견하는 이들이 있다. 하지만 최근의 문화적 조류는 관용을 최고의 덕으로 여긴다. 객관적 진리란 존재하지 않으며 각자의 진실을 찾아야 한다는 믿음이다.

우리의 자녀는 겸양, 도덕적 탁월함, 순결함, 친구와 가족을 축하하는 마음, 세상과의 구별 등 우리가 칭찬할 만하다고 말하는 것이 무엇인지 듣고 마음에 기억할 것이다.

생각을 하나님의 말씀에 깊이 뿌리내리고 이런 생각들을 자녀와 소통하는 시간의 동력으로 삼아라. 성구를 암송하고 성경을 공부하면 자녀가 하나님을 따르고 하나님을 거스르는 세상에 맞설 수 있도록 자녀를 준비시킬 수 있을 것이다.

> 이로써 그 보배롭고 지극히 큰 약속을 우리에게 주사 이 약속으로 말미암아 너희가 정욕 때문에 세상에서 썩어질 것을 피하여 신성한 성품에 참여하는 자가 되게 하려 하셨느니라 | 베드로후서 1:4

전략
세션

6

절제의 훈련

GOD'S PLAYBOOK FOR DADS

수단과 방법을 가리지 않고

**진정한 목자는 함께 가며 인도한다.
단순히 갈 길을 보여주는 데 그치지 않는다.**
| 레오나르도 라벤힐

목자의 지팡이는 두 가지 용도로 사용된다. 첫째는 양이 어디로 가길 원하는지 가리키기 위해 먼 곳을 지목하는 것이고, 둘째는 지팡이 끝의 휜 부분으로 돌봄이 필요하거나 위험으로부터 보호해야 할 양을 모으는 것이다. 자녀를 위한 막대기를 구하기 전에 비유적인 부분을 좀 더 깊이 생각해보자.

다윗은 하나님의 지팡이와 막대기(대개 같은 도구를 의미한다)가 위로한다고 고백했다. 즉 다윗은 하나님이 안전하게 지키시며 바른길에서 벗어나지 않게 하심을 감사했다(시 23:4). 예수님은 베드로를 회복시키시며 바로 이 일을 하라고 말씀하셨다. 주님의 양을 먹이고 돌보며 보호하라는 말씀이다(요 21:15-19).

예수님은 아빠들에게도 똑같은 일을 자녀에게 하라고 말씀하신다. 좋은 목자는 진실된 사랑과 애정을 보이며 때때로 공급하고, 때때로 보호하며, 때로는 어린 양들을 자신으로부터 보호한다.

▎ **여호와는 나의 목자시니 내게 부족함이 없으리로다** | 시편 23:1

전략세션 6 : 절제의 훈련

마음 속 전쟁에서 승리하기

**아이들은 예측 불허다.
다음에는 어떤 모순으로 우리에게 다가올지 절대 알 수 없다.**
| 헨리 워드 비처

절제는 결국 성령님과 육신 간의 끊임없는 전투다. 예수님이 휴거 때 우리의 몸을 구속하실 것이지만 그때까지는(그리고 어쩌면 남은 생에서는) 성령님이 원하시는 일과 정반대의 일을 하고 싶은 유혹을 만날 것이다. 이를 극복하기 위해서는 "성령을 따라" 행해야 한다(갈 5:16).

싸움이 치열해지는 때가 있다. 그럴 때면 '난 전쟁을 싫어하는데, 나는 평화가 좋은데'하는 생각이 들 것이다. 그러나 하나님의 평강은 갈등의 부재가 아니라 갈등을 극복하는 능력이다. "너희가 만일 성령의 인도하시는 바가 되면"(18절). 성령님의 능력이 전차의 엔진처럼 우리를 이끄신다.

자녀에게 안정감을 주고 자녀를 지지하기 위해서는 절제를 실천해야 한다. 이를 통해 하나님이 하나님 되시도록 하는 삶의 모습을 당신의 삶에서 보게 될 것이다.

> 모든 것이 내게 가하나 다 유익한 것이 아니요 모든 것이 내게 가하나 내가 무엇에든지 얽매이지 아니하리라 | 고린도전서 6:12

리더는 섬긴다

> 우리가 하나님을 섬기는 것은 그분이 우리에게
> 은혜를 주시기 때문이다. 그분이 우리 안에서 일하시기 때문에
> 우리는 그분을 위해 일한다. | 찰스 스펄전

자녀와 식당 직원과 개를 대하는 모습을 보면 어떤 사람인지 상당히 많이 알 수 있다는 얘기가 있다. 이들에게서는 사회적으로나 직업적으로나 얻을 수 있는 이득이 하나도 없다. 그렇기 때문에 이들에게 어떠한 친절을 베풀든 어떤 존중의 모습을 보이든 그것은 타인에 대한 진정한 배려의 결과다.

하나님이 우리에게 주신 위대한 사명은 그 아들을 영접하는 모든 사람을 구속하시기 위해 기꺼이 자신을 내어 주셨다는 복된 소식을 전파하는 것이다. 우리의 시간과 달란트를 내어드리는 이유는 하나님이 우리를 위해 행하신 모든 일에 감사하기 때문이다.

자원하면 부가적인 혜택이 따른다. 다른 이들을 돕는 것은 돌려받겠다는 생각 없이 타인의 이익을 위해 행동하는 것이기 때문에 하나님께 더 가까워진다. 우리의 시간과 자원으로 변화를 일궈냈음을 알 때 큰 기쁨이 있다. 우리 자녀는 우리가 아무런 대가도 바라지 않고 타인을 돕는 일을 소중히 여긴다는 것을 알게 될 것이다.

> 구제를 좋아하는 자는 풍족하여질 것이요 남을 윤택하게 하는 자는 자기도 윤택하여지리라 | 잠언 11:25

비겁한 변명의 위험

실수한 후에는 어떻게 해야 할까?
인식하고 인정하고 실수에서 배우고 잊으라.
| 딘 스미스

누구나 후회를 한다. 아빠로 후회할 일이 너무 많다는 생각이 든다면 어렸을 때 당신이 어땠는지 기억해보라. 후회는 냉전 시대 미사일처럼 쌓인다.

감사하게도 그리스도를 믿으면 방사능 기억에 오염되지 않을 수 있다. 우리 자녀도 후회할 것이다. 우리가 할 일은 자녀의 목록에 "아빠는 나를 바보라고 생각해"라는 문장까지 추가하지 않게 하는 것이다. 그렇다. 바보 같은 짓을 할 것이다. 하지만 자녀의 결점보다 자녀의 노력에 주목하면 엄청난 차이를 만들 수 있다.

어떤 사람들은 하나님이 비난의 눈길로 우리를 보시며 우리가 또 실수하기만을 기다리시고 실수하는 순간 "내가 그럴 줄 알았어"라고 말씀하시리라 생각한다. 하지만 이것은 하나님의 대사가 아닌 사탄의 대사다. 마귀처럼 되어 자녀가(그리고 자신이) 실패의 길을 가는 것보다 하나님을 닮은 이해심을 보여주는 것이 더 낫지 않겠는가?

> 주의 약속은 어떤 이들이 더디다고 생각하는 것 같이 더딘 것이 아니라 오직 주께서는 너희를 대하여 오래 참으사 아무도 멸망하지 아니하고 다 회개하기에 이르기를 원하시느니라 | 베드로후서 3:9

자유로이 복종하라

**하나님께 당신 삶의 주도권을 드리라. 그 삶으로 당신이
할 수 있는 일보다 더 큰 일을 하실 것이다.** | 드와이트 무디

신앙생활에는 지속적인 복종의 과정이 수반된다. 복종을 운전석 뒷자리에 앉아 참견하는 것, 그리고 엄마에 대한 모욕과 같은 수준으로 생각하는 남자들에겐 복종은 직관을 거스르는 행동이다. 이 두 가지 모두 매우 불쾌한 일이지만, 복종은 필요하면서도 훨씬 힘든 일이다. 예수님은 우리가 각자 자기 십자가를 지고 예수님을 따라야 한다고 말씀하셨다. 예수님이 말씀하신 짐은 바로 우리이다. 우리의 이기적인 태도와 행동, 우리의 정욕과 죄, 분노를 그리스도의 십자가에 못 박아야 한다는 말씀이다. 우리의 "옛 자아"는 죽어야 한다. 이것이 복종의 의미이다.

처음 그리스도께 나아갈 때 우리는 그리스도의 주되심에 복종한다. 자신의 죄를 있는 그대로 보면 수치심과 죄책감이 밀려온다. 하지만 수치심과 죄책감에 사로잡히기보다 우리 죄를 그리스도께 내어드려야 한다. 그러면 그리스도께서 우리를 수치심과 죄책감에서 자유하게 하신다. 그러나 자신의 권리를 포기하고 하나님께 통치권을 드리는 것은 지속적인 과정이다. 그리스도께 복종하는 삶을 살지 못하면 우리 마음속에, 그리고 다른 이들과의 관계에 갈등과 긴장이 생겨난다. 당신의 자녀가 하나님께 복종하는 삶의 중요성을 보기를 원한다면 당신이 먼저 모범을 보이라.

> **그러므로 너희가 그리스도 예수를 주로 받았으니 그 안에서 행하되** |
> 골로새서 2:6

세션 6 매뉴얼

1. 우선순위 점검

GOD'S PLAYBOOK FOR DADS

전심으로

우리가 하나님을 먼저 사랑해서 하나님이 그로 인해 우리를 사랑하시게 된 것이 아니다. 우리가 사랑을 보고 사랑으로 화답할 수 있도록 그분이 먼저 우리를 사랑하셨고 그 아들을 우리에게 주셨다. | 윌리엄 틴데일

마음과 뜻과 정성과 힘을 다해 하나님을 사랑한다는 것이 불가능한 말처럼 들릴 수 있다. 주님을 사랑하고 주의 말씀을 사랑하고 주님의 백성을 사랑하고 타인을 사랑하기는 하지만 항상 사랑하는 것도 아니고 전 존재로 사랑하는 경우는 상당히 드물다.

오직 예수님만 항상 전 존재로 하나님을 사랑하셨다. 우리의 힘만으로는 다다르기 불가능한 기준이다. 하지만 그리스도의 힘과 그의 영으로 우리는 예수님을 더 닮을 수 있다. 예수님은 "그 안에서"(고후 5:17-21) 우리를 새로운 피조물로 만드셔서 불가능을 가능케 하셨다. 당신을 구하실 예수님을 신뢰하라. "그가 행하시는 대로 자기도 행(해야)" 한다(요일 2:6).

예수님은 하나님을 최우선으로 삼으라고 말씀하시면서 하나님을 섬기기 위해 가족을 외면해야 한다고 말씀하지 않으셨다(마 10:37). 오히려 가족을 섬기고 사랑하는 것이 주님을 섬기고 사랑하는 중요한 방법이다.

> **그의 안에 산다고 하는 자는 그가 행하시는 대로 자기도 행할지니라 |**
> 요한1서 2:6

첫 사역

> 아버지의 사랑에는 궁극적인 무언가, 결코 끊어지지 않는 무언가,
> 온 세상이 아니라고 해도 믿게 되는 무언가가 있다. 어린 시절 우리는
> 아버지를 전지전능에 가까운 존재로 여긴다. | 프레드릭 윌리엄 파버

하나님이 우리를 금욕의 독신 생활로 부르지 않으셨다면 (바울의 삶처럼) 가정을 이루고 살도록 우리를 부르신 것이다. 생육하고 번성하라는 하나님의 명령은(창 1:28) 많은 자손을 나으라는 명령이자 가정에서부터 경건한 백성을 키워내라는 명령이다.

하나님에 대한 섬김은 아내와 자녀로부터 시작된다. 이들은 교회가 생기기 훨씬 전인 창세기 시대에 세워진 우리의 첫 사역이다. 기혼자라면 아내를 자녀보다 우선해야 하며(창 2:24) 그 다음 자녀이다. 이런 관점은 자녀에게 결혼과 가정에 대한 하나님의 계획에 모델이 되어준다. 하나님의 목적과 계획 중 수많은 부분이 가정에 반영되어 있으며 가정을 예표로 삼으셨다. 이것이 하나님을 사랑하라는 가장 큰 계명에 이어 가정이 두 번째 자리를 차지하는 이유다.

> 하나님이 그들에게 복을 주시며 하나님이 그들에게 이르시되 생육하고 번성하여 땅에 충만하라, 땅을 정복하라, 바다의 물고기와 하늘의 새와 땅에 움직이는 모든 생물을 다스리라 하시니라 | 창세기 1:28

하나님의 가족

**교회는 하나님 자녀들의 모임이다. 이들이 어린아이처럼
도움을 받고 양식을 공급받으며 어머니의 돌봄과 인도를 받고
성숙한 믿음의 성인으로 성장하는 곳이다.** | 존 칼빈

하나님의 교회에서 우리가 감당해야 할 역할이 있다. 목사나 집사, 교사의 역할은 아니라 하더라도 하나님은 우리가 어떤 자리에서든 섬기기를 원하신다. 출석해서 예수님을 따르는 삶의 의미를 듣고 배우는 것부터 시작해도 좋다. 하지만 이것은 출발점일 뿐이다. 믿음 가운데 성장하면서 나눔과 섬김 같은 것들이 뒤따라야 한다.

하나님이 어디에 당신을 두고자 하시는지 하나님께 물어라. "그러므로 우리는 기회 있는 대로 모든 이에게 착한 일을 하되 더욱 믿음의 가정들에게 할지니라"(갈 6:10).

또 교회가 가족의 일정에서 당연한 부분이 되어야 한다. 모두가 늑장을 부리는 아침에는 하나님이 그의 백성 가운데 당신의 경배를 받기에 합당하신 분이심을 상기시키라. 주일에 배운 것을 하나님이 주중에 어떻게 사용하실지 누가 알겠는가?

> **너희는 그리스도의 몸이요 지체의 각 부분이라** | 고린도전서 12:27

한 나라

**하나님과 성경 없이 한 나라를
제대로 통치하기는 불가능하다.**
| 조지 워싱턴

어떤 이들은, 심지어 일부 크리스천들도 결코 전쟁이 일어나지 않을 것이라고 믿는다. 하지만 성경은 전쟁의 때가 있으며 평화는 많은 경우 승리한 전투의 부산물임을 밝힌다. 하나님의 길은 폭력적이지 않지만 깨어진 세상에서는 평화를 위해 때때로 폭력이 사용된다.

어떤 남성들은 국가를 위해 군인이나 경찰로 봉사하도록 부름을 받는다. 모든 청년은 조국을 위한 봉사가 최우선순위가 아닌, 하나님과 가정, 교회 그다음 순서임을 기억해야 한다.

하나님은 무질서한 세상에서 평화를 유지하기 위해 정부와 군대를 세우셨다. 평시에는 오직 투표만이 우리의 의무일 수도 있으며 이 의무를 반드시 이행하고 우리 자녀에게도 그 중요성을 가르쳐야 한다. 지역사회와 도시, 주, 국가를 이끌기 위해 부름을 받는 이들도 있다. 천재지변이나 지역적 위기와 같은 긴박한 필요가 발생했을 때 가장 먼저 달려가 돕는 사람이 되어야 한다.

> 사랑할 때가 있고 미워할 때가 있으며 전쟁할 때가 있고 평화할 때가 있느니라 | 전도서 3:8

무슨 일을 하는가?

하나님의 계획에 따라 하는 모든 일은 섬김이다.
| 팀 켈러

하나님은 사람을 지으시고 가장 먼저 할 일을 주셨다. 하나님은 창조하고 관리하고 하나님이 지으신 세계를 선용하기 위해 일하고 생각하고 행동하는 존재로 사람을 지으셨다. 하나님은 우리를 "천사보다 조금 못하게" 지으시고 "영화와 존귀로 관을" 씌우셨다(시 8:5). 우리가 무슨 일을 하건 영화와 존귀로 해야 한다는 의미다.

다른 사람을 만나면 우리는 가장 먼저 직업을 묻는다. 직업은 식별자다. 특정 직업이 남보다 나를 우월하게 만들어주기 때문이 아니라 하나님이 우리를 일하는 존재로 지으셨기 때문이다.

어린 시절 모든 막대기를 무기나 도구로 만들던 그 기질은 하나님이 우리 안에 두신 모험과 통치에 대한 열망을 반영한다. 우리는 탐험하고, 우리 자신의 한계에 도전하며, 하나님이 우리에게 주신 것을 소중히 여기고, 가정과 일터에서 따를 만한 리더가 되어야 할 존재다.

> **여호와 하나님이 그 사람을 이끌어 에덴 동산에 두어 그것을 경작하며 지키게 하시고** | 창세기 2:15

세션 6 매뉴얼

2. 재정

GOD'S PLAYBOOK FOR DADS

돈을 쓰라

**세상은 묻는다. "무엇을 소유했는가?"
그리스도는 묻는다. "어떻게 그것을 사용하는가?"**
| 앤드류 머레이

우리 것은 누구의 소유인가? 성경에 따르면 하나님의 소유다. 만물이 하나님의 것이다(시 24:1). 이 사실을 받아들이면 성경의 1대 재정 원칙, 청지기 정신을 받아들이게 된다. 하나님이 보시기에 우리는 재산권이 없다. 일할 수 있는 능력부터 시작해서 하나님이 주신 것을 잘 관리하고 사용할 기회가 주어졌을 뿐이다.

모든 것이 하나님의 것이며 하나님은 그분의 백성을 돌보신다. 우리는 하나님이 우리에게 주신 것을 그의 나라를 세우는 데 사용해야 한다. 하나님 나라 외의 모든 것은 단기적이다. 돈을 벌어 하나님의 영광을 위해 사용하라. 그렇지 않으면 돈이 우리를 부리게 될 것이다.

다른 누군가가 자녀에게 재정에 대해 가르쳐주리라 생각하지 마라. 성경이 주는 원칙을 세우되 저축과 금리, 신용카드의 원리, 예산 등 돈에 대한 실용적인 팁을 가르쳐라. 무엇보다 자녀에게 은행 잔액이나 주식 포트폴리오가 이들의 가치를 결정하는 것이 아니라 이들을 사랑하시기 위해 가장 높은 값을 치르신 하나님이 결정하신다는 진리를 가르쳐라.

> **땅과 거기에 충만한 것과 세계와 그 가운데에 사는 자들은 다 여호와의 것이로다** | 시편 24:1

주는 자와 뺏는 자

> 아버지께서는 세상에는 주는 사람과 뺏는 사람,
> 두 종류의 사람이 있다고 말씀하셨다. 뺏는 사람이 더 잘 먹을지
> 몰라도 주는 사람이 더 잘 잔다. | 마를로 토머스

돈을 버는 것은 중요하다. 그런데 그 돈으로 무엇을 하느냐가 훨씬 더 중요하다. 성경적으로 표현하자면, 더 적은 것으로 만족하기 전까지는 더 벌지 못할 가능성이 높다. 자녀가 하나님이 아니라 돈이 문제를 해결해준다고 생각하면 큰 문제다. 자녀가 돈이 무엇을 위해 존재하는지 이해할 수 있도록 도우라.

자녀에게 저축은 좋은 선물을 주시는 하나님을 공경하는 것임을 가르치라. 돼지저금통에 저축하고 사용하게 하라. 열 살 즈음이 되면 저축, 십일조, 지출, 선물, 옷이라고 적은 각각의 봉투를 사용하는 봉투 시스템을 가르쳐라.

얻는 것이 있으면 포기하는 것이 생긴다는 것을(오늘 아이스크림을 먹으면 비디오게임을 위해 저축하는 돈은 적어진다) 가르치고 스마트하게 쇼핑하도록 코치하라(약관을 주의해서 보게 하고 광고 이면의 메시지를 읽게 하라). 돈에 대한 대화를 일상생활의 한 부분으로 만들고 실제 상황을 경험하는 과정에서 자녀를 가르치라. 돈 문제에 대한 지혜가 하나님에 대한 선한 증거가 된다.

> 지혜 있는 자의 집에는 귀한 보배와 기름이 있으나 미련한 자는 이것을 다 삼켜 버리느니라 | 잠언 21:20

하나님이 주시는 것보다
더 많이 드리는 것은 불가능하다

더 드릴수록 더 많이 돌아온다. 하나님은 온 우주에서 가장 통 크게 주시는 분이시며 결코 우리가 드리는 것보다 덜 주시는 분이 아니시기 때문이다. 한번 확인해보라. 그리고 무슨 일이 벌어지는지 보라. | 랜디 알콘

하나님의 경제 모델의 신비는 쌓아두는 자가 아니라 주는 자가 더 풍성해진다는 데 있다. 핵심은 돈이 아니라 우리를 돌보실 하나님에 대한 신뢰다. 바울의 말처럼 "내가 선물을 구함이 아니요 오직 너희에게 유익하도록 풍성한 열매를 구함이라"(빌 4:17).

돈을 어떻게 다루느냐는 그리스도에 대한 증거의 한 부분이다. 나눔의 현장에 자녀를 데려가서 나누고 베푸는 것이 얼마나 기쁘고 신나는 일인지 보여주라. 십일조는 하나님의 교회를 위해 재물의 첫 부분을 구별하는 것이다. 다음으로 하나님이 당신 마음에 두신 일을 위해 일정 부분을 나눔을 위한 목적으로 구별하라.

이는 우리가 돈을 벌기 위해 일하고 정직하게 벌어야 한다는 성경적 명령과 함께 적용된다. "손을 게으르게 놀리는 자는 가난하게 되고 손이 부지런한 자는 부하게 되느니라"(잠 10:4). 나눔은 하나님과 하나님이 주신 복에 대한 감사와 하나님이 공급하실 것이라는 믿음의 표현이다.

> 이것이 곧 적게 심는 자는 적게 거두고 많이 심는 자는 많이 거둔다 하는 말이로다 | 고린도후서 9:6

세션 6 매뉴얼

3. 훈육의 원칙

GOD'S PLAYBOOK FOR DADS

도입으로서의 모방

**사람의 아버지 됨은 하나님 아버지 되심의
본을 따라 빚어져야 한다.** | 윌리엄 바클레이

좋은 아빠가 된다는 것은 자녀를 키우며 하나님을 닮는다는 의미다. 우리가 하나님을 어떻게 보느냐가 우리 자녀가 하나님을 보는 시선에 영향을 미친다. 예수님이 우리가 그분을 닮아갈 수 있도록 하셨듯이 우리가 사랑과 경건함, 절제 속에 하나님 아버지의 인도하심을 따라가는 데 필요한 모든 것을 이미 우리에게 공급해 주셨다.

아빠가 된다는 것은 자녀를 훈육한다는 뜻이다. 그런데 '훈육'이라는 단어의 어원은 "제자"다. 우리는 우리 자녀에게 하나님을 따르는 삶의 의미를 가르치는 선생님이자 안내자, 강사다. 체벌과 같은 것에 대해 의문이 생기기 시작한다면 자녀에게 이들을 지으신 분을 소개할 때가 아닐지 생각해보라.

가정에서 예배를 시작하고 하나님의 사랑과 돌보심을 기쁘게 찬양하라. 하나님이 가족 한 사람 한 사람을 놀랍게 지으셨음을 감사하라. 일관성과 올바른 훈육이 사랑의 증거임을 보여주게 될 것이다.

> 또 우리 육신의 아버지가 우리를 징계하여도 공경하였거든 하물며 모든 영의 아버지께 더욱 복종하며 살려 하지 않겠느냐 | 히브리서 12:9

목표: 존중

> **부모에게 버릇없이 구는 데도 그냥 내버려 둔 아이는
> 누구도 진심으로 존중하지 않게 될 것이다.** | 빌리 그래함

경건한 훈육은 목적으로 판별된다. 혼내는 것이 아니라 경건한 행동을 독려하는 것이 목적이다. 자녀가 우리를 정말 화나게 하는 행동을 했을 때 솔직히 그대로 갚아주고 싶은 마음이 들 때가 많다.

하지만 하나님은 하나님이 직접 하실 일을 떠맡아야 하는 상황에서 해방시켜 주신다(롬 12:19). 또 원수 갚는 일도 하나님을 거절하기로 한 사람들만 행하신다. 우리의 할 일은 우리 자녀에게 존중을 불어넣는 것이다. 자녀가 할 일은 부모에게 순종하는 것이지만 순종하지 않을 때 우리는 우리의 반응을 다스릴 줄 알아야 한다.

자녀를 훈육하면서 자문해보라. '지금 내 행동이 우리 아이가 미래에 보다 더 지혜로운 선택을 하는 데 도움이 되는가?' 당신이 자녀를 교정함으로써 자녀와 자녀 주위의 사람들이 보호를 받게 되는가? 먼저 결과를 감당하게 하고 나중에 문제에 대해 이야기하라. 자녀가 다음번에는 어떻게 해야 더 나은 결정을 내릴 수 있을지 생각하도록 독려하라.

> **자녀들아 주 안에서 너희 부모에게 순종하라 이것이 옳으니라 네 아버지와 어머니를 공경하라 이것은 약속이 있는 첫 계명이니 이로써 네가 잘되고 땅에서 장수하리라** | 에베소서 6:1-3

기준을 세워라

자녀를 위해 무엇을 하느냐보다 자녀들이 자신을 위해 무엇을 하도록 가르치느냐가 자녀를 성공적인 인간으로 만든다. | 앤 랜더스

바울은 특별히 아버지들에게 "너희 자녀를 노엽게 하지" 말라고 말했다(엡 6:4). 왜 아빠일까? 하나님이 그분의 방식으로 자녀를 훈육하고 이들이 하나님의 길을 따르지 않을 경우 자녀에게 책임을 묻는 과업을 우리에게 맡기셨기 때문이다.

"노엽게 하다"는 무슨 뜻일까? 자녀가 우리의 취약한 지점을 건드려 우리를 자극할 수도 있지만, 우리도 자녀에게 같은 일을 하고 있다는 것을 깨닫지 못하고 있는 것인지도 모른다. 계속 기도하며 하나님의 말씀을 확인하며 길을 찾지 않는다면 길에서 이탈할 수 있다.

아빠가 자녀를 노엽게 하는 일반적인 방식에는 과보호, 편애, 깎아내리기, "부족한 점은 항상 있어"라는 좌우명 아래 성취에 대한 압박 주기 등이 있다. 자녀를 향한 비전의 중심은 자녀를 스타 선수나 전문 바이올린 연주자로 키우겠다는 환상이 아니라 자녀를 향한 하나님의 최선이어야 한다. 하나님은 우리가 세상에서 성공하든 그렇지 않든, 우리가 순종하든 그렇지 않든 우리를 사랑하신다. 우리 자녀도 같은 메시지를 받아야 한다.

> **또 아비들아 너희 자녀를 노엽게 하지 말고 오직 주의 교훈과 훈계로 양육하라** | 에베소서 6:4

산만의 기술

> 위대한 이들의 삶에 대해 읽으면서 이들이 거둔 첫 승리가
> 자기 자신에 대한 승리임을 깨달았다.
> 이들 모두에게 절제가 먼저였다. | 해리 트루먼

유명한 마시멜로 실험은 할당된 것 이상의 먹고 싶은 유혹을 견뎌낸 아이가 더 행복하고 건강한 삶을 살게 된다는 점을 보여준다.

절제는 관심을 자신에게서 돌리는 능력에 달려있다. 이는 하나님을 기쁘시게 하는 삶의 핵심 요소다. 그러니 이 개념을 자녀에게 훈련하자. 산만함의 기술을 사용하라. 마시멜로를 덮어두는 것이다. 예를 들면 할 일이나 숙제를 하는 동안에는 서랍에 스마트폰을 넣어놓는 식이다.

우리는 하나님이 기도에 응답해주시거나 어느 방향으로 가야 할지 알려주시기를 기다린다. 우리가 하고 싶은 일을 밀어붙여 하나님의 답을 우회하고 싶은 유혹이 생길 수 있다. 하지만 그렇게 하면 하나님의 완벽한 때를 기다리는 기쁨을 놓치게 된다. 먼저 자녀와 소박하게 시작해서 하나님은 우리가 기다릴 만한 충분한 가치가 있는 분이시라는 확신으로 나아가라.

> 이기기를 다투는 자마다 모든 일에 절제하나니 그들은 썩을 승리자의 관을 얻고자 하되 우리는 썩지 아니할 것을 얻고자 하노라 | 고린도전서 9:25

지금 투자하거나
나중에 대가를 치르거나

**자녀를 혼내며 두통을 겪어본 적이 없다면
자녀가 다 자라서 지겹도록 골머리를 앓을 것이다.**
| 찰스 스펄전

우리는 잘 모르겠다는 이유로 아이의 잘못을 교정하는 일을 피하는 경향이 있다. 하지만 해야 한다. 알아서 문제가 해결되는 경우도 있고 우리가 조급한 모습을 보이거나 아예 틀릴까 염려가 되는 부분도 있다. 주님을 바라며 기다리는 경우도 있지만 그 외에는 상황에 대응해야 한다. 어느 쪽이 됐든 우리가 어떤 태도를 보이는지가 정말 중요하다.

먼저 자녀에게 기대하는 절제를 직접 실천해야 한다. 하나님이 하라고 명하신 것을 하고 있는가? 그분의 임재를 구하며 그분의 말씀을 묵상하며 기대를 갖고 기도하며 다른 이들을 내 자신과 같이 사랑하는가? 그렇게 하고 있다면 불순종하는 자녀를 대하기가 더 수월하다.

짜증이나 분노가 아니라 사랑과 자녀의 안전에 대한 염려에서 비롯됐다면 내가 결정하는 처벌이 필요하다는 것을 이미 알고 있다. 화가 머리끝까지 났을 때는 훈육을 하기 전에 냉정을 되찾아야 한다는 것도 알게 된다.

> 이 교훈의 목적은 정결한 마음과 선한 양심과 거짓이 없는 믿음에서 나오는 사랑이거늘 | 디모데전서 1:5

한계 설정

> 우리는 둘 중 하나는 겪어야 한다.
> 징계의 고통 아니면 후회나 실망의 고통.
> | 짐 론

우리 자녀에게 교정이 필요하다는 것은 사실이다. 체벌은 우리가 내리는 큰 결정 중 하나가 될 것이다. 하지만 흥분된 상태로 이런 결정을 내려서는 안 된다. 즉 자녀가 내게 상처를 줬다고 자녀에게 상처를 주려고 해서는 안 된다.

이는 다른 쪽 뺨도 갖다 대라는 예수님의 가르침을 거스르는 것이자 힘겨운 상황에서 경건하게 반응해야 할 책임에도 배치된다. 성경은 우리가 우리 자녀를 훈육하지 않으면 제대로 사랑하지 못하는 것이라고 분명히 밝힌다.

막대기는 양을 위험한 길에서 벗어나게 하기 위한 목자의 도구다. 체벌을 위해 적절한 도구를 사용하라. 손은 자녀를 안아줄 때나 체벌 이후 위로할 때를 위해 아껴두라. 하나님은 회복과 관계의 하나님이시며 우리도 그래야 한다. 체벌하지 않는다면 동일한 목적을 달성하는 데 효과가 있는 어떤 방법이든 막대기가 될 수 있다.

> 매를 아끼는 자는 그의 자식을 미워함이라 자식을 사랑하는 자는 근실히 징계하느니라 | 잠언 13:24

원인과 결과

사랑이 징계보다 먼저다.
| 존 오웬

효과적인 훈육을 위해서는 우리가 어떤 유형의 부모인지 알아야 한다. 연구자들은 네 가지 유형으로 부모를 구분하고 각 유형의 동기를 설명했다. 방임적인 부모는 두려움이 그 동기가 되며, 권위주의적 부모는 싸움이 특징이며, 태만한 부모는 자녀를 내버려 두며, 권위 있는 부모는 교제를 동기로 삼는다.

당신은 어떤 유형의 부모인가? 잘 모르겠다면 어떤 동기로 훈육을 하는지 생각해보라. 자녀와의 갈등을 회피하려 하는가(방임형)? 자녀에게 감히 내게 도전하느냐고 말하는가(권위주의형)? 애는 그냥 애라며 할 얘기가 하나도 없다고 확신하는가(태만형)? 아니면 자녀가 원하는 대로 하도록 내버려 두지 않고 사랑의 하나님과 그의 진리를 향해 자녀를 이끌고자 하는가?

하나님의 선하심과 신실하심에 대한 견고한 신뢰로 자녀를 이끄는 과정에서 사랑을 표현하는 방법으로 훈육이라는 난제를 인식하고 적용한다면 아빠로서의 소명을 성취하게 될 것이다.

> 내 아들아 여호와의 징계를 경히 여기지 말라 그 꾸지람을 싫어하지 말라 대저 여호와께서 그 사랑하시는 자를 징계하시기를 마치 아비가 그 기뻐하는 아들을 징계함 같이 하시느니라 | 잠언 3:11-12

단기적 고통과 장기적 유익

**망가진 어른을 고치는 것보다
강한 아이를 빚어가는 것이 수월하다.
| 프레드릭 더글라스**

자녀를 훈육할 때는 장기적인 안목을 가지라. 일단 훈육을 시작하면 철학을 정리할 만한 여력이 없고, 그 결과로 계획에 따라 대응하는 것이 아니라 그때그때 상황에 반응하게 된다. 그러니 훈육을 시작하기 전에 훈육에 대한 생각을 정리하라.

성경은 하나님의 징계를 경험하지 않은 사람은 하나님의 자녀가 아니라고 분명히 밝힌다(히 12:7-8). 경건한 훈계의 목적은 과거의 잘못을 벌하는 것이 아니라 미래의 바른 행동을 도모하는 것이다.

그러니 아빠 노릇이 힘들어지면 원칙으로 돌아가라. 아이에게 차 키를 건네고 아이가 절벽을 향해 돌진하는 데 옆자리에 앉아 있다고 생각해보라. 시속 100킬로미터로 돌진하는 차 안에서 아이의 결정을 논하겠는가? 아니다. 운전대를 꺾거나 브레이크를 밟은 후에 당신에게 잔뜩 화가 나 있는 아이와 상대할 것이다. 그리고 아이가 생명을 잃지 않고 화를 내고 있음에 감사할 것이다.

> 무릇 징계가 당시에는 즐거워 보이지 않고 슬퍼 보이나 후에 그로 말미암아 연단 받은 자들은 의와 평강의 열매를 맺느니라 | 히브리서 12:11

자연스런 결과

> 그 누구도 자기 선택의 결과에서
> 벗어난 적이 없으며 앞으로도 없을 것이다.
> | 알프레드 A. 몬타퍼트

좋은 행동이건 나쁜 행동이건 행동은 결과를 거두게 된다는 것은 성경적 사실이다. 하지만 이 사실을 이해한다고 자녀가 잘못했을 때에 대처 방식을 결정하기가 항상 쉽기만 한 것은 아니다.

싸움을 시작하라. 안전한 상황이라면 아이가 나쁜 선택의 결과를 직접 감내하게 하라. 아이가 화나 있을 때는 화에 대해서는 말하지 마라. 흥분이 가라앉았을 때 행동과 결과에 관해 이야기하라.

자녀의 선택에 원인과 결과를 조명하라. 슛 연습을 자꾸 하다 보면 좋아질 것이다. 수학 시험 준비를 열심히 하면 자신감이 커질 것이다. 자녀의 선택이 타인에게도 영향을 미친다는 사실을 알려주라. 정해진 시간에 집에 오지 않으면 부모는 걱정이 된다. 할머니는 그냥 안부 차 전화하기를 좋아하신다. 크건 작건 부정적이건 긍정적이건 우리 자녀들은 경험을 통해 배울 수 있다.

> 자기의 육체를 위하여 심는 자는 육체로부터 썩어질 것을 거두고 성령을 위하여 심는 자는 성령으로부터 영생을 거두리라 | 갈라디아서 6:8

전략
세션

7

실전

GOD'S PLAYBOOK FOR DADS

모든 시간이 가치있는 시간이다

**아버지가 아들에게 줄 수 있는 최고의 선물은 자기 자신,
즉 자신의 시간이다. 함께 나눌 누군가가 없다면
물질적인 것은 별 의미가 없다. | 닐 C. 스트레이트**

존 퀸시 애덤스 대통령의 아들인 찰스 애덤스가 하루는 아들 브룩스와 낚시를 하러 갔다. 두 사람 모두 일기를 썼는데 그날의 사건이 두 사람에 미친 영향은 각기 달랐다. 브룩스는 일기에 이렇게 썼다. "오늘 아빠와 낚시를 하러 갔다. 내 인생에서 가장 아름다운 날이었다." 하지만 아버지의 일기에는 이렇게 기록됐다. "아들과 낚시를 하러 갔다. 하루를 버렸다."

우리 자녀에게는 우리와 함께 하는 모든 시간이 소중하다. 그러니 모든 시간이 가치있는 시간이다. 우리가 자녀와 함께 농구 연습을 하고 숙제를 하고 레고를 만들며 시간마다 집중한다면 우리 자녀는 그 시간을 기억할 것이다. 자녀를 위한 시간을 미리 떼어놓는다면 자신이 중요한 존재임을 알게 될 것이다. 대단한 활동이나 장소가 필요하지 않다. 우리만 적극적으로 참여하면 된다.

특별한 행사도 즐겁지만 소소한 순간들도 소중하다. 자녀가 당신에게 말을 할 때는 얼굴을 들여다보며 경청하라. 퇴근했으면 가족에게 온전히 집중하라. 모든 순간이 중요하다.

> **사람이 친구를 위하여 자기 목숨을 버리면 이보다 더 큰 사랑이 없나니 |**
> 요한복음 15:13

연구에 따르면

**그곳에 생명이 있고 그곳에서 삶이 빚어진다.
가족은 삶이다.** | 덴젤 워싱턴

세상이 성경 말씀을 따라가는 듯한 모습을 보는 것은 신앙생활의 즐거움 중 하나다. 이에 대한 예로 자녀 양육에 참여하고 있는 아빠들이 어떤 영향을 미치는지에 관한 연구가 있다.

세부적인 내용을 일일이 살펴보는 대신 어린 시절 아빠와 가치있는 시간을 보냈던 성인은 때 이른 노화나 암 발생 건수도 적었을 뿐 아니라 더 건강하고 IQ가 높으며 직장 생활이 더 만족스럽고 자존감이 더 높았으며 정서적 안정감이 더 크고 학교나 직장에서 징계를 받는 경우가 적었다.

아기는 뱃속에서 저음의 남성 목소리를 더 잘 듣는다. 아빠가 옹알이에 반응해주는 경우가 상대적으로 적기 때문에 아이의 언어 발달에서 중요한 역할을 차지한다. 하나님은 아빠들에게 자녀의 영적 발달을 도우라는 명령을 주시면서 우리가 아빠로서 할 일만 제대로 하면 되도록 인체까지도 명확하게 배열해 두셨다.

> **의인의 아비는 크게 즐거울 것이요 지혜로운 자식을 낳은 자는 그로 말미암아 즐거울 것이니라** | 잠언 23:24

시간을 내라 그 자리에 있으라

**자녀가 잘 자라기를 바란다면 자녀와 함께 하는 시간은
두 배로 늘리고 자녀에게 쓰는 돈은 반으로 줄이라.**
| 아비가일 반 뷰렌

아빠가 된다는 것은 하루하루는 더디게 지나가지만 몇 년은 쏜살같이 지나간다는 뜻이다. 감사하게도 출근하고 골프장에 나가 있을 때도 하루하루가 지나갔다. 자녀의 곁을 지키고 싶은 마음을 갖는 것이 중요하지만 함께 하는 시간을 의미 있는 시간으로 만들 수 있어야 한다.

꼭 특별한 무언가를 계획해야 한다는 의미는 아니다. 퇴근하고 집에 가는 길에 자녀와 함께 할 준비를 하면 된다. 직장에서 있었던 일을 접어두고, 몇 분의 시간이 더 필요하다면 갓길에 잠시 차를 세우고 시간을 가지라. 집에 도착하면 만면에 미소를 지으며 아이들과 뒹굴고 아내가 무엇을 하고 있건 아내를 도울 준비를 하고 집으로 들어가라.

일할 때 아이가 아빠에게 전화하고 싶다면 허락을 받아야만 전화 할 수 있는가? 후에 "그때 그럴걸"이라고 말하겠는가? 아니면 "그렇게 해서 정말 다행이야"라고 하겠는가?

> **선인은 그 산업을 자자 손손에게 끼쳐도 죄인의 재물은 의인을 위하여 쌓이느니라** | 잠언 13:22

피난처가 되는 사랑

**아버지가 자녀를 위해 할 수 있는 가장 중요한 일은
자녀의 어머니를 사랑하는 것이다.** | 헨리 워드 비처

아빠는 아들과 딸 모두에게 좋은 남자라면 어떻게 행동해야 하며, 특히 여성을 어떻게 대해야 하는지를 보여주는 본이 되어야 한다. 아내를 존중하고 다른 누구보다 아내를 더 특별히 대하고 애정을 충분히 표현하면 아들은 여자아이를 어떻게 대해야 하는지를 이해하고 딸은 어떤 대접을 받아야 하는지 가늠할 수 있다. 아내를 사랑하는 것은 우리 모두를 위한 하나님의 최선이다.

이혼했건, 사별했건, 혼자서 아이를 키우고 있다면, 경건한 자녀를 키우기 위해 최선을 다하고 있음을 잘 안다. 이혼한 경우라면 전 부인이 존중받을 자격이 없다는 생각이 들더라도 전 부인에게 존중을 표하여 자녀에게 중요한 메시지를 전달할 수 있다. 이런 답답한 상황에서 무엇이 이보다 더 좋은 그리스도의 사랑의 본이 될 수 있겠는가?

> 남편들아 이와 같이 지식을 따라 너희 아내와 동거하고 그를 더 연약한 그릇이요 또 생명의 은혜를 함께 이어받을 자로 알아 귀히 여기라 이는 너희 기도가 막히지 아니하게 하려 함이라 | 베드로전서 3:7

아이는 노는 게 일이다
그러니 일을 하라

**1년의 대화보다 1시간의 놀이를 통해
사람에 대해 더 많은 것을 발견할 수 있다.** | 플라톤

"아이는 노는 게 일이다"라는 말을 들어봤을 것이다. 어렸을 때는 야구건, 보드게임이건, 자전거를 타고 동네를 도는 것이건, 자기가 하는 일을 중요하게 생각한다. 어렸을 때는 그렇게 생각하지 않았겠지만 실은 책임을 지고 어른들이 하는 일을 하면서 성인들이 하는 역할을 시도해보는 과정이다.

아이와 놀 때는 아이가 만든 세계에 완전히 빠져들어라. 정말 말도 안 된다는 생각이 들기도 하겠지만 그럴 때는 아이가 전문가려니 생각하고 시키는 대로 하라. 우리가 일에 대해 했던 이야기를 기억하고 짐짓 심각할 수도 있다. 어떤 경우든 상황에 맞추라.

아이와 '함께' 구르라. 아이들은 아빠와 레슬링 하기를 좋아한다(식탁이나 화병 근처로 굴러오면 엄마는 질색하겠지만 말이다). 놀이를 통해 아이가 좋아하는 것이 무엇인지에 대해 많은 것을 알 수 있다.

> 이에 내가 희락을 찬양하노니 이는 사람이 먹고 마시고 즐거워하는 것보다 더 나은 것이 해 아래에는 없음이라 하나님이 사람을 해 아래에서 살게 하신 날 동안 수고하는 일 중에 그러한 일이 그와 함께 있을 것이니라 | 전도서 8:15

첨벙첨벙

당신의 커피가 당신의 걸음마장이보다 강하기를!
| 미상

걸음마장이를 키우는 것은 참 힘들지만 동시에 한없는 기쁨을 준다. 그 때문에 똥 기저귀를 수시로 갈고 밥 먹일 때마다 전쟁 통 같고 공원 나들이 한 번 하려면 이민 가방을 챙기듯이 짐을 싸야 하는 노고도 견딜만해 진다.

업무 일과에 따라 돌쟁이 아기와 함께 하는 시간이 출근 전 아침이 될 수도 있고, 퇴근 후 저녁이 될 수도 있지만, 함께 할 수 있는 모든 기회를 활용하라. 의외로 밤에 잠이 줄어도 잘 적응된다.

식사 시간 외에 옷을 입히고 목욕을 시키고 잠을 재우는 등, 아이와 관련된 일들이 즐거움을 주는 놀라운 시간이 되기도 한다. 집안일에 대한 웃기는 노래를 만들고 밤에는 아이를 잠자리에 눕히고 함께 누워 이야기하라(아이들도 잘 시간이 지나도 안 자도 된다며 좋아한다). 하나님은 자녀를 통해 우리에게 귀한 선물을 주셨다. 자녀와의 관계를 세우기 위해 시간을 선용하는 것은 하나님과 자녀를 존귀하게 여기는 것이다.

> 오라 우리가 여호와께 노래하며 우리의 구원의 반석을 향하여 즐거이 외치자 | 시편 95:1

그냥 모두 사이좋게 지내면 안 될까?

**우리 아버지는 죽을 때 진정한 친구 다섯만 있으면
잘 산 것이라고 항상 말씀하셨다. | 리 아이아코카**

　친구는 자녀의 삶에서 큰 부분을 차지한다. 친구를 쉽게 사귀는 아이도 있지만 그렇지 않은 아이도 있다. 어떤 경우든 아이에게 좋은 친구가 되어주는 법을 알려줘야 한다. 자녀에게 자기 존중의 모범을 보이면 자녀가 스스로를 편안하게 여기는 데 도움이 되어 그 영향이 오래 갈 것이다. 아이들이 3, 4학년 때부터 시작하는 관계 게임은 그냥 바보 같은 짓이라는 사실을 분명히 알려주라.

　하나님이 지금의 모습으로 지으신 데는 지극히 선한 이유가 있으며 하나님은 결코 실수하지 않으신다는 것을 아이에게 확실히 알려주라. 모두가 짝지어 날아다니는 새들처럼 짝지어 다닐 때 혼자 다녀도 괜찮다. 어떤 모습이건 어디서 왔건 모든 사람이 하나님께 소중하며 가치 있다. 당신의 자녀가 하나님이 지으신 본연의 존재가 될 수 있게 해주라. 때가 되면 내게 꼭 맞는 친구가 찾아올 것을 알려주라.

▎**누구든지 자기의 유익을 구하지 말고 남의 유익을 구하라** | 고린도전서 10:24

한계를 시험 당할 것이다

> 아버지 말씀이 맞았을지 모른다는 사실을 깨닫게 될 즈음
> 대개 그의 아들은 그가 틀렸다고 생각하고 있다.
> | 찰스 워즈워스

자녀가 기술과 끊임없는 정보와 자극을 활용하고 경험하는 방식에 익숙해져라. 예를 들어 SNS에 굴복당하지 않으면서 SNS를 통해 배울 수 있는 것들이 있다. 자녀에게 SNS 계정을 만들어주는 조건으로 자녀의 SNS 계정을 함께 관리하라. 비밀번호를 알아두고 폴더에 무엇이 들어있는지 파악하라. 기기에는 필터와 시간제한을 설정하라.

기기를 감시하는지의 여부가 멋진 아빠인지 헬리콥터 아빠인지를 판가름한다. 자녀가 기술을 경험하기를 바라면서도 신원 절도나 성매매, 왕따처럼 나쁜 사람들이 기술을 가지고 하는 끔찍한 일들을 당하지 않기를 바라는가?

'난 내 아이를 믿어. 시청 기록을 감시할 필요는 없어'라고 생각하는가? 당신이 그 나이 때 어땠는지 잊었는가? 아홉 살, 열 살쯤 되면 모든 아이가 '우리 부모님이 몰라도 나한테 해롭지 않을 거야'라는 철학에 따라 움직인다. 당신의 예쁘고 미더운 아기도 다르지 않다. 그러니 미리 주의하라.

> ▎너희는 열매 없는 어둠의 일에 참여하지 말고 도리어 책망하라 ▎에베소서 5:11

빵을 쪼개고 유대감을 키우라

> **가장 오래된 극장은 저녁 식사 자리이다. 대여섯 명이 모이고 매일 밤 같은 배우들이 새로운 쇼를 펼친다. 수없이 함께 작업해온 사람들이 풀어내는 탁월한 앙상블이다.** | 마이클 J. 폭스

성경은 종종 함께 떡을 나누는 행위의 가치를 언급한다. 교제하며 하나님의 말씀을 듣는 것이 하나님이 지으신 것을 한데 묶는 기본 핵심의 가치였던 초대교회에서는 더더욱 그랬다. 우리 가정도 마찬가지다.

자녀가 어릴 때는 저녁 식사를 함께 하면서 안정감과 소속감을 느끼게 된다. 10대 청소년들도 식탁에 함께 둘러앉는 시간을 기다린다. 연구에 따르면 가족이 함께 식사하면 과일과 채소를 더 많이 먹고 탄산음료와 튀긴 음식 섭취는 줄어 식단이 건강해진다.

자녀에게도 당신을 알아갈 시간과 기회를 주라. 자녀가 어떻게 지내는지 묻되 자녀에게 당신이 하루를 어떻게 지냈는지 들려주라. 한 현자가 이런 말을 했다. "저녁 시간에는 아이가 아니라 고기를 볶아라." 끊임없는 심문은 피곤하다. 당신도 당해보면 피곤할 것이다.

함께 함이 더 행복하고 스트레스가 풀리는 관계를 만들라. 하나님의 일을 주기적인 대화 소재로 삼는다면 더더욱 그렇다.

> **그런즉 너희가 먹든지 마시든지 무엇을 하든지 다 하나님의 영광을 위하여 하라** | 고린도전서 10:31

티볼과 티파티

> 아버지가 되면 사랑의 용량과 인내의 수준이 늘어난다.
> 사람 속에 또 다른 문이 열린다.
> 존재하는지조차 몰랐던 문이 열린다. | 카일 매클라클런

자녀의 활동에 참석하는 데는 시간과 에너지가 든다. 경기나 학교에서 진행되는 공연에 참석하고 싶지만 한 주간 얼마나 피곤했던가! 그런데 이렇게 자녀를 응원할 기회는 생각보다 적고 생각보다 일시적이다.

우리는 쉬면서 재충전할 시간을 마련할 수 있고 또 그렇게 해야 한다. 하지만 자리를 지키는 것은 아이를 가질 때 했던 암묵적 약속이다. 가정은 우리의 첫 사역지다.

가정에서 적극적이 되라. 자녀와 함께 게임을 하고 자녀의 공연을 관람하라. 자녀에게 중요한 일에 당신도 관심이 있음을 보여주면 자녀가 그 작은 눈으로 무엇을 보는지 알 수 있다. 또 자녀가 하는 일이 당신에게도 중요하다는 메시지가 전달된다.

> 청년이여 네 어린 때를 즐거워하며 네 청년의 날들을 마음에 기뻐하여 마음에 원하는 길들과 네 눈이 보는 대로 행하라 그러나 하나님이 이 모든 일로 말미암아 너를 심판하실 줄 알라 | 전도서 11:9

다 왔어요?

> 아버지는 너무 고민하지 말라고,
> 완벽한 것은 없다고, 그러니 계속 앞으로 나아가며
> 최선을 다하라고 가르치셨다. | 스콧 이스트우드

가족과 여행을 하면 업무/가사/운동/요리의 일상이 달라진다. 집을 떠나 휴식하는 데 상당한 돈이나 화려한 목적지가 필요한 것은 아니다. 단, 여행을 떠날 때는 기분 전환이 필요하다.

가족이 어떤 활동을 좋아하는지 파악하라. 탈 것은 다 타보고 볼 것은 다 봐야 하는 스타일인가? 아니면 새로운 곳에서 현지 음식을 먹으며 몇 가지 활동만 하며 여유롭게 쉬는 스타일인가?

내가 쉬겠다는 생각으로 가족 여행을 가면 진이 빠진다. 하지만 함께 가서 함께 무언가를 한다면, 함께 여행하고 함께 바닷가에 가고 함께 불꽃놀이를 본다면 오래도록 잊을 수 없는 순간을 만들 것이고 함께 함에서 오는 진정한 가치와 기쁨을 경험하고 경험시키게 될 것이다.

> 선을 행하고 선한 사업을 많이 하고 나누어 주기를 좋아하며 너그러운 자가 되게 하라 이것이 장래에 자기를 위하여 좋은 터를 쌓아 참된 생명을 취하는 것이니라 | 디모데전서 6:18-19

말에 책임을 져라

**당신의 아들과 딸에게는 좋은 대학보다
좋은 아버지가 필요하다.** | 닉 부이치치

"하지만 아빠, 아빠가 그렇게 말씀하셨잖아요!" 아이와 이렇게 끝나는 대화를 주고받은 기억이 있는가? 우리가 아이를 실망시키면 아이는 바로 우리에게 그 사실을 알린다. 그로 인해 짜증이 나고 처참한 기분이 든다 해도 아이의 말이 맞는지 잘 생각해봐야 한다.

충분히 납득이 갈만한 상황 때문에 약속을 지키지 못하는 경우도 있다. 식기세척기에서 물이 넘쳐 온 부엌이 물바다가 되면 딸을 공원에 못 데려간다. 딸은 투덜대겠지만 딸에게 사과하고 다음에 공원에 가자고 시간을 정할 수 있겠는가? 그럴 때 딸이 과연 그 약속을 지키겠느냐며 의심하지 않겠는가?

자녀에게 한 약속은 신성하다. 가겠다고 했으면 하늘이 무너져도 가야 한다. 남자로서, 나아가 아빠로서 정직함의 문제이기 때문이다. 자녀에게 한 약속을 지키면 자녀는 실질적이고 진정한 의미의 정직함을 배운다. 그렇게 할 때 신뢰성으로 이어지는 믿음과 존중의 기초가 쌓인다.

> **내 언약을 깨뜨리지 아니하고 내 입술에서 낸 것은 변하지 아니하리로다** | 시편 89:34

가정예배

사람은 그가 크리스천임을 알 수 있도록 살아야 하며 무엇보다 가족이 그 사실을 알아야 한다. | 드와이트 무디

가정예배를 인도한다고 생각하면 어떤 모습이 떠오르는가? 모두가 당신이 좋아하는 의자에 둘러앉아 당신을 바라보며 당신이 기도 가운데 준비한 성경의 보석들을 나눠주는 동안 숨소리도 크게 내지 않고 집중하는 모습이 떠오르는가?

기대치는 좀 더 현실적이어야 한다. 우리가 바라는 만큼 정기적으로 가정예배를 드릴 수도 없고 원하는 만큼 길게 드릴 수도 없으며 아무런 방해 없이 진행되지도 않는다.

하지만 현실이 머릿속 이상에 부합하지 않는다고 해서 포기하는 것보다는 헛발질하는 편이 낫다. 어린아이들은 다채로운 이야기를 좋아한다. 좀 나이가 든 아이들은 바이블프로젝트와 같은 동영상 자료를 좋아한다. 찬양으로 시작해 흥미로운 주제를 골라 짧게 전달하라. 포기하지 마라. 극한의 정신없는 상황을 견뎌낼 만한 충분한 가치가 있다!

> 오늘 내가 네게 명하는 이 말씀을 너는 마음에 새기고 네 자녀에게 부지런히 가르치며 집에 앉았을 때에든지 길을 갈 때에든지 누워 있을 때에든지 일어날 때에든지 이 말씀을 강론할 것이며 | 신명기 6:6-7

세션 7 매뉴얼

1. 아들 사랑하기

GOD'S PLAYBOOK FOR DADS

위험천만하게 사랑하기

> 우리 아버지는 마당에서 우리 형제와 놀아주시곤 했다.
> 어머니가 나와서 보시곤 "잔디를 아주 다 망가뜨렸네요"라고 하시면
> 아버지는 "우리가 기르는 건 잔디가 아니라 아들들입니다"라고 하셨다.
> | 하몬 킬레브류

아들을 키우면서 정말 신나는 것이 하나 있다. 직장에서는 상사가 아니고 교회에서는 리더가 아닐 수 있지만, 집에서는 최고의 남자가 된다. 남자가 어떻게 사는지 궁금할 때 아들이 우러러보는 그 사람은 우리다.

그 말은 우리가 최고의 남자가 되면 아들이 경건한 남성으로 성장하도록 도와줄 수 있다는 얘기다. 계속 섬기고 아들의 엄마를 사랑하며 아들의 삶에서 자리를 지켜라.

아들에게 사랑이 얼마나 위대한지 알려주라. 뜨겁게 사랑하도록 가르치고 건강한 경쟁을 독려하되 실수와 반복을 허용해주라. 독립성을 길러주고 안전한 모험과 절제의 가치를 가르치라.

우리가 예수님을 본받으면 우리 아들들은 우리를 보며 예수님을 본받을 것이고 하나님의 때가 이르면 하나님의 사람이 될 것이다.

> 젊은 자의 자식은 장사의 수중의 화살 같으니 이것이 그의 화살통에 가득한 자는 복되도다 그들이 성문에서 그들의 원수와 담판할 때에 수치를 당하지 아니하리로다 | 시편 127:4-5

아닌 건 아닌 거다

**아버지란 아들의 모든 선한
잠재력이 실현되기를 기대하는 사람이다.**
| 프랭크 A. 클라크

행동에는 결과가 따른다. 단호하고 일관된 훈육은 경계와 기대를 설정하며, 이 두 가지는 아들에게 모두 필요하다. 훈육을 받을 때는 발끈할 수 있지만, 나중에는 고마워할 것이다.

옳고 그름에 대한 하나님의 객관적 기준을 세우고 이 모든 기준이 당신이 그냥 만들어 내거나 아무 생각 없이 따르는 것이 아님을 보여주기 위해 관련 구절을 보여주라. 아들에게 유리하게 작용할 수도, 그렇지 않을 수도 있는 씨 뿌리며 거두는 영적 원칙을 확실하게 이해시키라.

아들에게 여성을 어떻게 대해야 하는지 보여주라. 먼저 아들의 엄마를 많이 사랑하되 아내를 사랑하는 것이 우연의 산물이 아니라 하나님이 명하신 일에 대한 반응으로 나타나는 것임을 주지시키라.

권리 의식을 차단하기 위해 최선을 다하라. 아들을 사랑하고 가족을 하나님의 길로 인도하는 것을 비롯해 아들이 삶에서 누리는 모든 것들이 당연한 것이 아니라 하나님의 공급하심임을 분명히 가르치라.

> **사랑은 이웃에게 악을 행하지 아니하나니 그러므로 사랑은 율법의 완성이니라** | 로마서 13:10

경기를 존중하고 선수를 존중하라

**누구나 아빠가 될 수 있지만, 아빠가 되려면
특별한 무언가가 있어야 한다… 아빠는 내게 경기를 가르쳐 주셨고
제대로 겨루는 법을 가르쳐주셨다.** | 웨이드 보그스

우리 남자들은 말을 잘 안 한다. 할 말이 없어서 말을 안 하는 경우도 있지만, 말을 해야 할 때는 해야 한다. 왜냐하면 아들이 듣고 있기 때문이다.

아들이 알아서 터득하기를 바라지 마라. 남자로서 우리도 어떤 사람이 되어야 할지 무엇을 해야 할지 막막하다. 순조로운 상황에도 우리는 성공을 어떻게 반복해야 할지 잘 모르기 때문에 다른 사람을 속이는 것처럼 느낄 때도 있다. 아들에게 이런 상황에 대한 이야기를 들려주라.

문화가 그려내는 이미지와는 정반대로 남자도 사랑이 필요하다. 아들에게 하나님이 남자를 강인함과 부드러움이 공존하는 존재로 지으셨음을 보여주라. 주변 남자들처럼 강인할 수 있지만 동시에 집에서는 아빠와 함께 울 줄도 알아야 한다.

> 내가 너희를 부끄럽게 하려고 이것을 쓰는 것이 아니라 오직 너희를 내 사랑하는 자녀 같이 권하려 하는 것이라… 그러므로 내가 너희에게 권하노니 너희는 나를 본받는 자가 되라 | 고린도전서 4:14, 16

세션 7 매뉴얼 : 1. 아들 사랑하기

영웅 키우기

**우리는 영웅을 키우는 것이 아니라 아들을 키우는 것이다.
아들을 아들로 대하면 적어도 우리의 눈에는 영웅으로 변할 것이다.
| 워터 M. 스키라 시니어**

아들이 어렸을 때는 아빠는 못 하는 게 없다고 믿는다. 슈퍼히어로 만화를 보면서 아빠라면 충분히 밤에 나를 재우고 신분을 감춘 채 범죄와 맞서 싸울 수 있다고 생각한다.

의도적으로라도 아들을 위해 그런 기준의 모범이 돼라. 교사와 이웃, 감독, 그리고 이혼한 경우에 아이의 엄마와 갈등이 있을 때라고 해도 긍정적인 자세를 잃지 마라.

아들에게 게임을 가르쳐주되 가끔은 져주라. 이를 통해 큰일도 할 수 있다는 것을 알게 될 것이다. 패배에 어떻게 대처해야 하는지 본을 보이라. 패배를 좋아할 필요는 없지만, 패배를 통해 배우는 것이 있어야 한다. 어렸을 때 자주 안아주라. 그럼 아이가 커서 당신을 자주 안아줄 것이다. 아들이 어렸을 때부터 인정해주라. 그럼 나이가 들어서 당신을 믿을 것이다. 어렸을 때 경청해주라. 그럼 더 이상 어리지 않을 때 자신의 삶을 당신과 나눌 것이다.

> **너희 하나님 여호와는 너희와 함께 행하시며 너희를 위하여 너희 적군과 싸우시고 구원하실 것이라 할 것이며** | 신명기 20:4

운전대를 맡겨라

> 어렸을 때 동물들이 내 침대 밑을 뛰어다니는 상상을 하곤 했다.
> 아빠에게 그 얘기를 하면 아빠는 금세 해결해 주셨다.
> 침대 다리를 모두 잘라 버리셨다. | 미상

남자아이들에게 필요한 것들이 있다. 먼저 매사에 사전 경고를 해줘야 한다. 아들은 먹어야 한다. 그러니 언제 배고픈지 알아차리고 먹을 것을 주어 진정시키는 법을 배워라. 잔소리는 피하고 문제를 함께 논의하라. 아들은 건강을 위해서도, 에너지를 빼기 위해서도 신체 활동이 필요하다.

아들이 해야 할 일을 예를 들어 설명해주라("이건 깨끗한 양말이고 이건 더러운 양말이야"). 경쟁 본능을 기억하고 당신은 아들과 한 팀임을 확실히 알려주라. 어렸을 때는 시동을 끄고 무릎에 앉혀 운전하는 기분을 느끼게 해주라.

아빠로서 당신이 어떻게 생각하고 어떤 경험을 하는지 아들에게 알려주라. 좋은 아빠가 되고 싶고 하나님을 따르고 가정과 다른 이들을 사랑하는 삶의 좋은 본이 되고 싶다는 것을 알려주라. 당신이 부족할 때는 아빠를 질책할 수 있게 하라. 결국 경건한 훈육의 핵심은 제자 삼는 것이다.

> 네 자식을 징계하라 그리하면 그가 너를 평안하게 하겠고 또 네 마음에 기쁨을 주리라 | 잠언 29:17

세션 7 매뉴얼

2. 딸 사랑하기

GOD'S PLAYBOOK FOR DADS

딸의 첫사랑

아빠란 사랑 때문에 영웅으로, 모험가로, 이야기꾼으로, 가수로 변신하는 가장 평범한 사람이다. | 팸 브라운

요즘 아빠들은 자녀 양육에 더 적극적으로 참여한다. 임신한 아내를 병원 앞에 내려주고 대기실에서 담배만 피우던 시대는 지났다. 긍정적인 변화다. 아빠들이 아이가 태어나면서부터 기저귀를 갈고, 목욕을 시키고, 아이를 재우고, 한밤중에 깨어 우는 아이를 달래며, 육아에 동참한다.

이렇게 하면 아빠는 애착이 더 강해지고 딸은 아빠가 함께 할 때의 편안함을 첫 기억에서부터 알게 된다.

아이가 태어난 직후의 헌신을 삶의 방식으로 삼아라. 아내와 아이를 사랑하는 아빠, 가족과 함께 하는 아빠가 마땅한 삶의 방식임을 입증 할 수 있다. 때가 되면 딸은 이런 삶의 방식이 세상의 방식과 다름을 알게 되겠지만, 그 사실이 딸에게 놀라운 일이 되게 하라.

> 예수께서 이르시되 어린 아이들을 용납하고 내게 오는 것을 금하지 말라 천국이 이런 사람의 것이니라 하시고 | 마태복음 19:14

무조건적인 애정

> 집에 도착했을 때 딸이 문으로 달려 나와 나를 꽉 껴안으면
> 그날 있었던 모든 일이 눈 녹듯 사라진다. | 휴 잭맨

딸이 어렸을 때는 안아주고 뽀뽀하고 무릎에 앉히는 신체적 애정표현이 쉽다. 그런데 나이가 들어도 그런 애정표현이 필요하다. 딸이 사춘기를 지나고 여성이 되어 가면 어색할 수 있지만, 이런 조건 없는 애정 표현을 지속하지 않으면 그 빈자리를 누군가 채울 테고 그 누군가는 조건을 붙일 것이다.

경계가 필요하고 아무런 대가를 바라지 않는 사랑을 받을 권리가 있음을 알려주라. "싫다"라는 말이 거절의 의미임을 딸이 알아야 한다. 그리고, 그 기대치는 우리가 딸에게 주는 애정과 사랑으로 결정된다.

딸과 춤을 추고 딸과 데이트를 하고 딸을 좋아한다고 얘기하는 남자에게는 무엇을 기대해야 하는지 본이 되어주라. 작가 짐 비숍이 이런 말을 했다. "딸이 첫 데이트에 데리러 온 남자애를 따라 나가는 모습을 보면 십억 원짜리 스트라디바리우스 바이올린을 고릴라에게 넘겨주는 기분이다."

> 고운 것도 거짓되고 아름다운 것도 헛되나 오직 여호와를 경외하는 여자는 칭찬을 받을 것이라 | 잠언 31:30

벽을 재건하고 다리를 세우라

**아버지가 내 손을 잡지 않고 계실 때는
내 뒤를 지켜주실 때였다.** | 린다 포인덱스터

딸은 어떤 문제든, 무엇 때문이든, 아빠에게 얘기할 수 있다는 사실을 알아야 한다. 최대한 일찍부터 이 사실을 알게 하라. 아들과는 달리 어색할 수 있겠지만 딸과도 이런 관계를 형성하는 것이 매우 중요하다.

단호하되 부드러워야 한다. 우리는 딸에게 남성의 롤 모델이다. 그렇기 때문에 딸과 이런 유대관계를 형성하는 것은 중요하다. 따뜻한 유대관계가 형성되면 때로는 딸이 뚜껑 열릴 정도로 화나게 만들 것이고 때로는 우리를 조종하려 들 것이다. 그럼 우리는 딸이 시키는 대로 하고 싶은 마음이 들 텐데 이런 마음을 버텨야 한다. 딸을 위해서 기준을 확실히 하라.

딸이 문제를 털어놓으면 문제 해결 모드가 저절로 켜질 것이다. 그 모드는 잠시 꺼두고 자문해보라. '지금 우리 딸은 어떤 마음일까?' 적극적으로 경청하고 딸의 표정과 어조, 분위기와 같은 신체 언어(body language)에 주목하라. 성급한 결론을 내리지 말고 그저 들어주라. 그것만으로 아빠의 마음이 전해진다.

> **여호와께서 이와 같이 말씀하시되 너희는 길에 서서 보라 옛적 길 곧 선한 길이 어디인지 알아보고 그리로 가라 너희 심령이 평강을 얻으리라** | 예레미야 6:16

믿음이라는 선물

**아버지는 사람이 줄 수 있는
최고의 선물을 내게 주셨다… 나를 믿어주셨다.** | 짐 발바노

들을 시간을 내라. 매일 딸 방에서 딸이 하고 싶은 말을 듣는 시간을 가지라. 딸이 아빠는 어떤지 물으면 당신이 어떤지도 나누라. 진심으로 딸이 배우고 성장할 수 있는 존재로 여기라. 딸에게 낚시하는 법과 숯하는 법, 선반 조립하는 법, 타이어 가는 법, 텐트 치는 법을 가르치라.

딸들은 외모에 대한 부담감이 크다. 외모지상주의에 저항하려는 경향이 있다 하더라도 여자아이들은 모두 스스로 아름답다는 느낌을 받고 싶어 한다. 당신이 그렇게 딸을 바라보고 있음을 느끼게 해주라.

무엇보다 딸의 용기와 신실함, 지성과 투지, 유머 감각을 칭찬하라. 하나님은 항상 외모보다 내적 아름다움을 귀히 여기신다. 우리도 그래야 한다. 딸을 둔 아빠로서 이미 딸의 마음을 얻었으나 항상 딸의 마음을 더 얻기 위해 노력해야 한다. 딸을 소중히 대하고, 특별히 대하고, 딸을 위해 딸과 함께 기도하라.

> 오직 마음에 숨은 사람을 온유하고 안정한 심령의 썩지 아니할 것으로 하라 이는 하나님 앞에 값진 것이니라 | 베드로전서 3:4

강건한 피난처

> **딸이 생기면 세상을 다른 눈으로 보게 된다…
> 당신이 내가 우리 딸을 대하듯 공주처럼 대한다면 나는 괜찮다.**
> | 트레이시 모건

당신의 딸은 자신이 공주라는 사실을 아는가? 아빠가 자신을 사랑하고 아름답다고 생각할 뿐 아니라 위대한 일을 할 수 있다고 믿는다는 사실을 알고 있는가? 딸을 구하기 위해서라면 아빠는 타오르는 사막을 기어서라도 건널 것이고, 선생님과 만나는 학부모회에서 딸의 뒤에 든든히 버티고 있어 줄 것임을 믿고 아무런 걱정 없이 깊은 잠을 자는가? 이런 모든 영역에서 딸의 자리가 확고하며, 어떤 사람이 되어야 하고 어떤 일을 해야 하는지 규정짓는 세상의 압박을 이겨낼 수 있음을 알려주라.

딸을 칭찬하며 세워가라. 위의 모든 질문에 그렇다고 대답할 수 있다 하더라도 딸과 인생에 관한 이야기를 나누라. 왜 어떤 것은 옳고 어떤 것은 그른지를 알려주고 분별력과 한계와 교정의 중요성을 가르치라. 우리의 사랑이 딸을 세상으로부터 보호할 것이며 하나님을 신뢰하는 삶을 향해 나가도록 준비시켜 줄 것이다.

> **여호와의 이름은 견고한 망대라 의인은 그리로 달려가서 안전함을 얻느니라** | 잠언 18:10

전략
세션

8

진정한 책임감

GOD'S PLAYBOOK FOR DADS

믿음의 삶

**진정한 부자는 손에 쥔 것이 없을 때
자녀들이 그 품에 뛰어드는 사람이다.**
| 미상

　믿음의 삶은 세상의 시간표가 찍혀있는 것들을 넘어 하나님의 길을 보는 삶이다. 자기 자신의 생각을 비롯해 살면서 맞닥뜨리는 모든 비판을 큰 그림에서 보고 하나님의 말씀을 구하는 삶이다. 사람들이 내가 하는 일을 이해하지 못해 바보처럼 비칠 준비를 하는 삶이다.

　하나님 없이는 아무것도 할 수 없음을 인정하고(요 15:5), 하나님께 도움을 구하고(시 50:15), 가진 모든 것에 감사하는(시 106:1) 삶이다. 우리가 정말 입술로 고백하는 대로 믿는다면 항상 기본적인 질문으로 돌아가게 된다. '내가 하는 일이 하나님을 기쁘시게 하는가?'

　믿음의 삶은 자녀 양육도 하나님께 맡기는 삶이다. 자녀의 마음에 씨앗을 심고 성령님께서 물 주실 것을 신뢰하는 삶이다. 우리가 우리 자녀를 알고 사랑하는 것보다 하나님이 더 잘 알고 사랑하심을 깊이 인식하는 삶이다. 자녀가 문제를 일으켜도 문을 열어두고, 두 팔을 넓게 벌려 기다리며, 하나님이 우리를 통해 우리의 자녀를 사랑하시도록 하는 삶이다.

▎ **내 죄악을 아뢰고 내 죄를 슬퍼함이니이다** | 시편 38:18

행복의 습관

**하나님께 비를 내려 주시기를 기도했던 두 농부 이야기를 들었다.
두 사람 모두 기도했지만 한 사람만 밭을 갈았다.
하나님이 비를 보내주실 것이라고 신뢰했던 사람은 누구라고 생각하는가?**
| 미스터 브리지스, 「믿음의 승부」

믿음의 삶을 위해서는 사용하지 않아 잊어버린 하나님에 대해 기억하는 연습을 주기적으로 해야 한다. 하나님이 당신의 이야기를 듣지 않고 계신다는 생각이 들면 계속 기도하라. 하나님은 우리의 기도를 들으시고 우리에게 선한 것을 생각하시며 우리의 기도를 통해 상상할 수 없는 방식으로 수많은 이들에게 이뤄질 선함을 계획하신다.

자신이 너무나 형편없이 느껴질 때 하나님은 지혜를 후히 주시는 분이심을 기억하라. 경배하고 싶지 않을 때도 경배하라. 마음이 울적하면 말씀 속에서 하나님을 찾고 하나님이 보여주시는 것을 받고 삶에 적용하라.

자녀가 주님과 동행하지 않을 때는 주님과 계속 동행하라. 당신이 할 수 있는 일을 찾아보라. 하지만 결국 자녀도 개성과 의지, 하나님께 반응해야 할 책임이 있는 개체임을 기억하라. 겸손히 최선을 다하고 최선을 다하실 하나님을 신뢰하라.

> **내가 내 자녀들이 진리 안에서 행한다 함을 듣는 것보다 더 기쁜 일이 없도다** | 요한3서 4

의지력의 한계

> 당신이 내 아버지시기에 미소 짓습니다.
> 당신이 무엇을 하든 그 사실이 달라지지 않기에 웃습니다.
> | 미상

자녀는 다양한 때에 다양한 이유로 우리를 미치게 만든다. '대체 어디서부터 잘못된 걸까?' 하는 생각이 들 때도 있을 것이다. 쉽지 않은 질문이다. 우리가 아빠로 형편없는 실패작이기 때문이 아니라 자녀를 잘 키우겠다는 결단과 지금의 결과가 아무 상관이 없기 때문이다.

포기하지 마라(갈 6:9). 자녀가 형편없는 자아를 극복하고 나면(대개 20대 중반은 지나야 가능하지만) 지금을 돌이켜보며 아빠가 무엇을 위해 그렇게 했음을 깨닫게 될 테니 절제를 연습하라.

절제는 성령님의 궁극적인 열매요, 크리스마스 선데 아이스크림에 고명으로 올라가는 체리다. 육신의 생각, 육신의 정욕, 파괴적인 옛 습관과 같은 유혹들은 지속적으로 싸움해 볼 만한 가치가 있는 투쟁이다. 하나님은 신실하시다. 우리와 우리 자녀는 부족할 수 있지만, 하나님은 지금도, 그리고 앞으로도 결코 부족함이 없으시다.

> 하나님이 우리에게 주신 것은 두려워하는 마음이 아니요 오직 능력과 사랑과 절제하는 마음이니 | 디모데후서 1:7

한 번에 하나씩

> [승리는] 기초를 완전히 장악하는 데서 시작된다.
> 다음으로 바람과 결단, 절제와 자기희생이 필요하다.
> 마지막으로 엄청난 사랑과 공정함, 동료에 대한 존중이 필요하다.
> | 제시 오언스

자신이 세운 목표에 대한 불만은 기본으로 돌아가 기도와 하나님의 말씀 가운데 전적으로 하나님을 신뢰하고 구해야 함을 알려주는 거룩한 지표다. 어느 방향으로 가야 할지 모르겠다면 하나님께 돌아가라. 하나님께 당신의 마음에 감동으로 다가올 성구나 당신에게 메시지를 전해줄 사람을 보내주시어 개입하시기를 구하라. 하나님께로 돌아갈 길을 보여주는 목표를 설정하라.

하나님을 바라고 하나님과 상의하며 계획을 세우라. 인내하며 하나님의 때를 신뢰하라. 우리 안에 일어나는 하나님의 일은 평생의 과정임을 주지하라. 우선순위를 명확히 하라. 방향이 잡히면 하나님께 더 가까이 가겠다는 가장 중요한 목표를 가지고 한 걸음 더 나아갈 수 있을 것이다.

> 야베스가 이스라엘 하나님께 아뢰어 이르되 주께서 내게 복을 주시려거든 나의 지역을 넓히시고 주의 손으로 나를 도우사 나로 환난을 벗어나 내게 근심이 없게 하옵소서 하였더니 하나님이 그가 구하는 것을 허락하셨더라 | 역대상 4:10

주기적 유지 보수

**우리 삶에 다가오는 큰일들은
우리의 일상 속에 심긴 씨앗의 열매다.
| 윌리엄 페더**

자녀에게 규칙적인 일과를 정해주면 우리 시간과 우선순위를 관리하기가 수월해진다. 자녀에게 규칙적인 시간표를 만들어줘야 하는 이유는 많다.

아기 때는 일정에 따라 먹고 자고 깨기 때문에 모두의 건강과 위생에 보탬이 된다. 아이가 조금 더 크면 전통과 규칙적 일과에서 안정감과 편안함을 느낀다. 가정예배가 일과에 포함되면 성경 공부가 당연하고 심지어 재미있게 느껴진다.

자녀에게는 무엇을 기대할 수 있는가를 아는 것이 중요하다. 일정한 시간대에 일정한 일들이 일어난다는 것을 알고 신뢰할 수 있으면 스트레스와 염려가 줄어든다. 상황이 꼬일 때는 일과로 돌아감으로써 평안과 차분함을 회복할 수 있다. 자녀에게 어떤 일이 일어날 것이며 어떻게 대처할 것인지를 알려주면 자녀 안에 자신감과 독립성이 자란다. 아빠와 함께할 시간을 고대하며 힘든 하루를 잘 견뎌낼 수 있다.

> 하나님이여 주는 나의 하나님이시라 내가 간절히 주를 찾되 물이 없어 마르고 황폐한 땅에서 내 영혼이 주를 갈망하며 내 육체가 주를 앙모하나이다 | 시편 63:1

경건함은 안으로, 쓰레기는 밖으로

> 처음에는 우리가 습관을 만들지만,
> 그 다음에는 습관이 우리를 만든다.
> | 존 드라이덴

스트레스와 지루함은 수많은 나쁜 습관의 불쏘시개다. 삶에는 항상 다양한 스트레스가 수반되기 마련이지만 지루함은 대개 영적 생활에 자극이 필요하다는 신호다. 우리에게 필요한 것은 새롭고 반짝이는 무언가, 새 성경, 새 교회, 새로운 형제와의 소그룹, 새 책이 아니다. 이미 입증되고 신뢰할 수 있는 것으로 되돌아가기만 하면 된다.

묵상시간이 무미건조해진 것 같다면 새로운 접근방식을 시도해보되 말씀 묵상과 하나님을 더 잘 알아가도록 하나님께 도움을 청하는 것을 멈추지 마라. 하나님과 있으면 지루할 수가 없다. 하나님과 하나님이 하실 수 있는 일을 제한하고 하나님에 대한 자신의 관점에 지루해졌을 뿐이다.

나쁜 습관은 없애는 것이 아니라 대체해야 한다. 문제와 문제의 원인을 파악했다면 나쁜 습관대로 하기 어렵게 만들어라. 더 좋은 것으로 대체하라.

> 오직 너희의 심령이 새롭게 되어 하나님을 따라 의와 진리의 거룩함으로 지으심을 받은 새 사람을 입으라 | 에베소서 4:23-24

정원을 가꾸라

> 행동하기 전에 들어라. 반응하기 전에 생각하라.
> 쓰기 전에 벌어라. 비판하기 전에 기다려라.
> 기도하기 전에 용서하라. 멈추기 전에 시도하라. | 어니스트 헤밍웨이

가장 가까운 관계에서 나쁜 습관에 빠져들기 쉽다. 가족보다 가족이 아닌 사람들과 어울리는 것이 더 좋다면 가정에서 무슨 일이 일어나고 있는지 들여다봐야 한다. 사랑하는 가족들과의 관계에서 매끄럽지 않은 무언가가 있다면 소통이 다시 원활해지게 하라.

자녀와 똑같은 문제로 자꾸만 언쟁하게 된다면 이 문제의 본질까지 파고들어 해결하지 않았다는 의미다. 차분하고 냉정하게 자녀와 문제를 풀라. 또한, 자녀를 당연히 여기지 마라. 인정과 감사가 끊이지 않게 하라.

우리 가족은 내가 전문가다. 그렇기 때문에 자녀의 취향과 성향을 주지하고 있어야 한다. 어떤 성향은 이해하고 싶지 않을 수도 있지만 그런 성향까지 알아두면 유대감을 형성하는 데(혹은 재건하는데) 도움이 된다. 자녀의 마음을 울리는 방식으로 자녀를 사랑하라. 최대한 빨리 문제에 대처하고 하나님께 그렇게 할 수 있도록 도와주시기를 구하라.

> 친구는 사랑이 끊어지지 아니하고 형제는 위급한 때를 위하여 났느니라 | 잠언 17:17

당장은 아프더라도

> 부모가 자녀에게 줄 수 있는 최고의 선물은 조건 없는 사랑이다.
> 방향을 찾지 못해 방황하고 헤맬 때 아이에게 필요한 것은 부모로부터
> 절대적인 사랑을 받고 있다는 느낌이다. 사랑이 무조건적이기만 하다면
> 방법이 거칠어도 아무 문제가 없다. | 조지 W. 부시

거친 사랑은 자녀가 길에서 벗어났을 때 힘든 대화도 기꺼이 하는 사랑이다. 나쁜 선택을 허용하기를 거부하고 자녀에게 최고의 기준을 요구하는 사랑이다. 거짓말을 하는 것이 더 쉬운 상황에서도 진실을 말하는 사랑이다. 대신 매를 맞아주는 것이 아니라 당연한 결과를 감내하도록 하는 사랑이다. 거친 사랑이라는 표현에서 짐작할 수 있듯이 쉽지 않은 사랑이며 언제나 사랑으로 시작해 사랑으로 끝나는 사랑이다.

성경은 사랑으로 진리를 말하라고 명한다(엡 4:15). 우리는 사랑과 진리 모두를 행해야 한다. 사랑 없는 진리는 가혹하고 진리 없는 사랑은 진실되지 못하기 때문이다. 참된 사랑에는 진리가 필요하다. 이 힘든 일을 마다하지 않는 이유는 자녀를 사랑하고 자녀가 준비된 성인이 되기를 바라기 때문이다. 기준을 고수하는 이유는 하나님이 세우신 기준이며, 하나님이 자녀를 보호하시기 위해 이 기준을 세우셨음을 자녀가 이해하기를 원하기 때문이다.

> 철이 철을 날카롭게 하는 것 같이 사람이 그의 친구의 얼굴을 빛나게 하느니라 | 잠언 27:17

자신의 이야기를 나누라

내게 주어진 모든 영광스러운 직함 중에서 최고는 항상 "아빠"다.
| 켄 노턴

아빠로서 우리가 해야 할 가장 중요한 일은 솔선수범이다. 실수와 실망감이 넘쳐나는 성인으로서 삶의 현실을 보여주는 것도 솔선수범의 한 영역이다. 실수를 통해 배울 수 있으며 이를 통해 더 나은 결정을 내릴 수 있음을 우리 자녀는 배워야 한다. 내가 크게 오판하고 실수했던 이야기를 들려주는 것보다 더 좋은 예는 없다.

자녀에게는 결코 알리고 싶지 않은 실수를 청년 시절에 했을지도 모르겠다. 자녀가 우리 얘기를 듣고는 "아빠도 그랬잖아요"라는 카드를 꺼내 들지도 모른다.

자녀 나이 때, 아빠의 눈으로 세상을 보지 않았던 때, 당신은 어땠는지 설명해주라. 당신이 썩 괜찮은 어른이 됐다고 해서 자녀도 꼭 그러라는 법은 없다는 점을 지적해주라. 하나님의 신실하심과 하나님이 금하시는 것이 자녀의 안전을 위한 것이라는 데 초점을 맞추라.

> 우리가 이를 그들의 자손에게 숨기지 아니하고 여호와의 영예와 그의 능력과 그가 행하신 기이한 사적을 후대에 전하리로다 | 시편 78:4

전략세션 8 : 진정한 책임감

주인의식

> 우리 자녀가 어떤 존재가 되기를 바라기 전에
> 우리가 먼저 그런 존재가 되어야 한다.
> | 앤드류 콤비

자녀가 남 탓하고 비난하기 시작하면 진짜 힘들어진다는 사실을 미리 알아두라. 그 결과가 어떤지는 문화 전반을 보면 알 수 있다. 모두가 피해자라고 주장하며 자신의 삶에 생긴 문제를 전부 남의 탓으로 돌린다. 우리의 사명은 가정에 남 탓과 피해의식이 스며들기 시작하는 것을 보자마자 이를 근절하는 것이다.

자녀에게 책임감을 가르치라. 자신이 한 행동에는 책임이 따른다는 사실을 알아야 한다. 잘못했을 때는 잘못을 인정해야 이기는 것이고 변명하면 패하는 것이다(자녀가 이 점을 숙지했는지 일일이 기록하는 것도 방법이다).

자녀가 나쁜 습관을 좋은 습관으로 대체하도록 도와야 한다. 이는, 우리와의 소통에서 갈등 해결의 가치를 가르치며 직접 모범을 보일 수 있다. 우리가 우리 행동에 책임을 지고 용서와 회복을 구할 때, 자녀에게는 우리의 본을 따르는 시작점이 될 것이다.

> ▌ 온전하게 행하는 자가 의인이라 그의 후손에게 복이 있느니라 | 잠언 20:7

목표는 연합

> 적재적소에 합당한 말을 하는 것은 중요하다.
> 하지 말아야 할 말을 하고 싶은 순간에 참는 것이 그보다 훨씬 더
> 어렵더라도 반드시 해야 할 일이다. | 벤저민 프랭클린

갈등은 불가피하다. 그러니 관계의 성장과 연합의 향상을 잠재적 결과로 삼고 성경적으로 갈등에 대처하라.

예수님은 우리를 화평케 하는 자로 부르셨다. "화평하게 하는 자는 복이 있나니 그들이 하나님의 아들이라 일컬음을 받을 것임이요"(마 5:9). 하지만 갈등이 생겼을 때 이런 반응은 자동적으로 나오지는 않는다. 이런 반응을 보이기 위해서는 미리 고민하고 기도하고 실천해야 한다.

이런 접근방식을 따라보라. 문제를 정의하고 이 정의를 계속 적용하라. 타인의 문제를 논하기 전에 자신의 문제부터 직면하라. 임기응변식으로 문제를 해결하려 하지 말고 사전에 대화의 시간을 계획하라. 자신의 감정을 이야기하고 상대방에게도 그렇게 할 기회를 주라. 관계 회복을 최우선 순위로 삼아라.

> 마지막으로 말하노니 너희가 다 마음을 같이하여 동정하며 형제를 사랑하며 불쌍히 여기며 겸손하며 악을 악으로, 욕을 욕으로 갚지 말고 도리어 복을 빌라 이를 위하여 너희가 부르심을 받았으니 이는 복을 이어받게 하려 하심이라 | 베드로전서 3:8-9

인과 관계 존중

하나님의 뜻에 순종하는 것이 영적 지식과 통찰의 비밀이다.
| 에릭 리델

자녀의 성품을 기르는 일에는 휴가가 없다. 자전거를 타고 언덕을 오르는 것과 같아서 멈추는 순간 쭉 미끄러져 내린다. 우리가 자녀의 도덕 창고 선반을 채워줄 수는 있지만, 선반에 물품들을 사용하지 않으면 유통기한이 모두 지나고 만다.

세상은 하나님의 모든 백성에게 자족과 물질주의, 무신론과 같은 거짓 철학을 퍼붓는다. 이런 세계관의 결과는 끔찍한 뉴스를 통해 확인되지만, 여전히 우리는 무감각해질 수 있다. 하지만, 이는 세상의 빛과 소금으로 부름을 받은 우리에게 매우 위험하다.

자녀에게 실용적으로 접근하라. 자녀가 하나님의 규칙을 따르는 법을 이해할 수 있도록 도우라. 어떤 선택지가 있으며 어떤 결과가 따르는지 함께 이야기하거나 목록을 작성하라. 규칙 목록을 적어서 집 곳곳에 붙여 놓고 수시로 확인하고 지켜야 한다고 알려주거나, 성경을 암송하도록 독려하라. 가정의 사명 선언서를 붙이는 작업이라고 생각하라. 잘못된 행동의 결과를 논의하고 시행하라. 하나님의 길을 끝까지 따르라. 그러면 하나님은 우리의 자녀 양육과 가정에 복 주실 것이다.

▌ 그러므로 사람이 선을 행할 줄 알고도 행하지 아니하면 죄니라 | 야고보서 4:17

세션 8 매뉴얼

감성 지능

GOD'S PLAYBOOK FOR DADS

이건 숲, 이건 나무

> 우리가 얼마나 마음을 기울이는지 알기 전까지는
> 우리가 얼마나 아는지 아무도 신경 쓰지 않는다.
> | 시어도어 루스벨트

최신 유행어처럼 들릴지 모르지만, 감성 지능은 아버지로 성공하기 위한 필수적인 개념이다. 감성 지능은 IQ와 EQ, 개성을 통합한 것이다. 자기 인식과 절제라는 개념 속에 성경적 지혜를 반영한다. 정서는 행동의 동력이다(우리가 그렇게 생각하지 않을지라도). 그렇기 때문에 자신의 감정을 인식하고 이해하고 관리하면 행동을 개선할 수 있다.

EQ가 높으면 공감 능력(타인의 감정과 기준을 이해하는 능력)과 자기 인식(자기 자신을 어떻게 보며 타인이 자신을 어떻게 보는지 아는 것)이 향상되어 관계가 개선된다. 세부적인 내용을 챙기면서 동시에 큰 그림을 유지할 수 있다. 이것이 자녀 양육에 어떻게 적용될지 쉽사리 짐작이 갈 것이다.

세상이 점점 복잡해지면서 자녀 양육의 혁신적인 방법이 필요해지고 있다. 성경적 렌즈로 걸러 감성 지능을 강화하면 자녀가 긍휼과 평안, 그리고 회복력을 가지고 하나님과 타인을 섬기도록 준비시킬 수 있다.

> 지혜 있는 자에게 교훈을 더하라 그가 더욱 지혜로워질 것이요 의로운 사람을 가르치라 그의 학식이 더하리라 | 잠언 9:9

왜 아플까?

> 삶에서 어느 지점까지 갈 수 있느냐는 젊은이를 향한 부드러움, 연로한 이들에 대한 따뜻함, 고통받는 자들에 대한 공감, 약자와 강자에 대한 관용에 달려있다. 삶의 어느 하루가 결국 모두 이런 날들일 것이기 때문이다.
> | 조지 워싱턴 카버

우리는 하나님의 형상을 따라 지어진 존재이기 때문에 모든 인간 안에 공감 능력이 있다. 하나님은 우리에게 하나님께로 돌아가는 길을 보여주시기 위해 우리 중 하나와 같이 되셔서 공감을 보여주셨다.

공감은 두 가지 차원에서 작동한다. 첫째는 타인의 감정을 감지하거나 투영하여 타인이 느끼는 것을 느끼는 것이고, 둘째는 타인의 감정을 이해하기 위해 타인의 관점을 적용할 줄 아는 것이다. 자연스럽게 공감하는 사람도 있지만 어떤 이들은 경험을 통해 공감 능력을 배양해야 한다.

우리가 어떤 본을 보이느냐는 자녀의 공감 능력에 매우 중요하다. 타인을 긍휼히 여기고 타인의 행동을 최대한 선의로 해석하라. 갈등을 해결할 때는 존중의 태도를 보이고 사과해야 할 때 사과하고 밖에서는 인내를 실천하라. 무엇보다 자녀에게 공감과 위로의 완벽한 본이 되시는 예수님을 알려라.

> 각각 자기 일을 돌볼뿐더러 또한 각각 다른 사람들의 일을 돌보아 나의 기쁨을 충만하게 하라 | 빌립보서 2:4

만족한 마음

**내게는 특별한 재능이 없다.
나는 그저 과하게 호기심이 많을 뿐이다.**
| 알베르트 아인슈타인

자녀에게 배움의 즐거움을 가르치는 것은 평생의 선물을 주는 셈이다. 하나님은 우리가 이 세계를 탐구하고 관심 갖기를 바라셨다. 자녀가 학교를 좋아하지 않더라도 관심 분야를 찾아 추구할 수 있고 우리도 그 과정에서 자녀를 지도할 수 있다.

열정적으로 관찰하라. 자녀가 무엇을 하는지 주의를 기울여 살펴보고 무슨 말을 하는지 귀 기울여 들으라. 자녀가 무엇에 관심을 갖고 무엇에 관심이 없는지 찾아보라. 옳고 그름을 판단하기 위해서가 아니라 독창적인 생각을 발견하기 위해 자녀의 아이디어를 경청하라. 자녀가 어떤 의견을 맹목적으로 수용하는 사람이 아니라 자기의 생각을 가진 사람이 되기를 바라지 않는가? 도덕적인 문제에서는 항상 말씀으로 돌아가도록 이끌라.

당신이 먼저 배움을 추구하여 본을 보이라. 우리가 무당벌레나 구름이 형성되는 모습을 보고 흥분하면 그 모습을 통해 자녀는 발견의 기쁨을 본다. 하나님은 우리 자녀를 위한 위대한 모험을 예비해 두셨다. 우리 자녀가 하나님의 말씀을 배우면 주기적으로 하나님을 바라보게 될 것이다.

> 너는 내게 부르짖으라 내가 네게 응답하겠고 네가 알지 못하는 크고 은밀한 일을 네게 보이리라 | 예레미야 33:3

어떤 불을 붙이는가?

**믿음은 지극히 단순한 일을 비롯해 모든 일의
존엄성과 가치를 이해하게 해준다.
이런 이해가 없으면 일은 지루한 것이 되고 만다. | 팀 켈러**

습관처럼 심오한 질문과 문제들을 탐색하면 자녀와의 소통이 풍성해진다. 산상수훈(마 5장)에서 예수님은 시금석이 되는 말씀을 하셨다. "…것을 너희가 들었으나 나는 너희에게 이르노니…" 예수님은 사람들이 스스로를 썩 괜찮은 사람이라고 느끼게 해주는 피상적 종교 활동과 이와 대치되는 율법 이면에 하나님의 의도를 분명하게 구별하셨다.

심화 성경공부에 주기적으로 참석하여 깊이 사고하는 훈련을 할 수도 있다. 성경을 읽으면서 성경이 무엇을 이야기하고 있는지 뿐만 아니라 무슨 의미인지도(그리고 우리에게 어떤 의미인지) 묻기 시작하면 더 깊은 진리를 탐색하게 된다.

깊이 생각하는 사람은 정보를 이미 알고 있는 내용과 비교하여 개선할 수 있는 영역이 있는지 파악한다. 이와 같은 문제 해결자들은 항상 '왜'라고 질문한다. 우리가 하는 일을 왜 하는지, 왜 중요한지, 우리가 왜 존재하는지 묻는다. 그 결과 의로운 삶을 중시한다.

> 보소서 주께서는 중심이 진실함을 원하시오니 내게 지혜를 은밀히 가르치시리이다 | 시편 51:6

건설 중

**우리가 원하는 것은 무엇이든 믿을 권리가 있다.
하지만 우리가 믿는 모든 것이 옳은 것은 아니다.
| 라비 자카리어스**

믿음은 우리가 무엇을, 누구에게, 그리고 행동으로 실행에 옮겼는지 아닌지와 마찬가지로 중요하다. 연구자들은 정서 지능과 종교적 신념 간의 관계를 규명했다. 자신의 믿음을 진지하게 여기는 이들에게만 국한되기는 하지만, 정서 지능과 종교성의 외적 발현 간에는 아무런 상관관계가 없는 것으로 나타났다.

야고보가 "행함이 없는 믿음이 헛것"(약 2:20)이라고 일갈했을 법하다. 복음을 주일 설교나 소그룹 주제로만 생각하는 것은 치명적 질병에 대한 치료제를 숨기는 것이나 다를 바 없다. 복음에 자신을 던지면 복음이 삶을 바꾼다. 우리 자신과 가정을 이끌기 위해서는 하나님이 살아계시며, 거룩하시고, 사랑이 많으시며, 자비로우시고, 우리가 예수님께 보이는 반응에 대해 우리에게 책임을 물으실 것이라는 믿음을 따라 행동해야 한다.

> **너희는 이 세대를 본받지 말고 오직 마음을 새롭게 함으로 변화를 받아 하나님의 선하시고 기뻐하시고 온전하신 뜻이 무엇인지 분별하도록 하라** | 로마서 12:2

한 번 더, 감정을 담아서

> **하나님은 사람이 필요치 않으시지만, 사람들에게
> 사랑받기 원하신다. 사람은 하나님이 무한히 필요하지만,
> 하나님 사랑하기를 거부한다. | 미상**

의도를 갖는다는 것은 우연이 아니라 목적을 가지고 무엇인가를 한다는 것 이상의 의미가 있다. 의도를 갖는다는 것은 성경에 따라, 또 최신 과학 연구에 따라(최신 과학 연구가 성경을 확증하는 경우일 때, 만약 그렇지 않다면 한편으로 미뤄두라) 자신의 감정에 대해 배운다는 의미다.

자신의 생각이 어떻게 작동하는지 배우라. 언제 자동 비행 모드로 돌입하는지, 그것이 좋은지, 나쁜지를 배우라. 예를 들어 투쟁 혹은 도피 반응이 이를 통해 자녀를 위험한 상황에서 끄집어낼 수 있다면 좋지만, 스트레스나 갈등에 대처하는 데는 그리 유용하지 않다.

신체적, 정신적, 정서적, 영적 차원 모두에서 자신과 가정의 성장을 위해 힘쓰라. 그러려면 에너지와 집중력이 필요하고, 준비며 관심을 기울여야 한다.

기준을 명확히 하면 기본적인 필요(안전, 거처, 생계)의 충족부터 더 큰 집, 새 차, 최신 폰 등 바라는 것에 이르기까지 우선순위가 명확해진다. 목표 설정과 달성이 수월해진다.

> **구하여도 받지 못함은 정욕으로 쓰려고 잘못 구하기 때문이라 | 야고보서 4:3**

영감을 받으면 영감을 주는 존재가 된다

> 하나님을 향한 열정이 하나님 안에 거하는 것과
> 같지 않을 수도 있다. 하나님을 향한 열정이 순종과 결합해야만
> 하나님을 향한 참된 사랑이 될 수 있다. | 에드윈 루이스 콜

사람이나 특정 주제에 대한 열정에는 전염성이 있다. 우리가 하는 일에 동력이 된다. 우리에게 에너지를 주고 우리를 지탱하며 다른 이들에게 영향을 끼치며 이들이 힘들 때나 좋을 때나 견뎌낼 수 있도록 돕게 해주는, 하나님이 주신 본능과 같다.

열정은 전 존재로 하나님을 사랑하는 데서 시작된다. 누군가를 사랑하려면 먼저 그 사람을 잘 알아야 한다. 열정은 하나님을 더 많이, 더 잘 알고자 하는 의도와 결합한다. 성경을 읽으면 하나님을 알게 된다. 성경을 읽으면서 자문해보라 '하나님은 여기서 어떤 생각을 하고 계셨을까? 어떤 감정이셨을까?' 이렇게 질문을 하면 관계를 대한 하나님의 열정에 우리의 마음이 열리게 된다.

당신이 느낀 이 열정을 자녀들에게 전하고 이 열정을 연료로 삼아 상황이 악화될 때도 버티라. 자녀를 향한 우리의 맹렬한 사랑이 모든 일의 동기가 되는 모습을 보면 우리 자녀들은 긍정적으로 반응하게 될 것이다. 즉각적으로 반응을 보이는 경우도 있지만 대게는 더디다. 하지만, 반드시 반응을 보일 것이다.

> 너희 안에서 행하시는 이는 하나님이시니 자기의 기쁘신 뜻을 위하여
> 너희에게 소원을 두고 행하게 하시나니 | 빌립보서 2:13

더 나아지거나 쓴 뿌리가 생기거나

> 과거를 바꿀 수는 없다
> 우리가 할 수 있는 일은 우리가 가진 유일한 수단,
> 우리의 태도를 활용하는 것이다.
> | 척 스윈돌

태도는 우리의 통제 범위에 있다. 태도를 통제하면 더 행복해지고, 동기부여도 강해지고, 더 성공하게 된다.

감사가 좋은 구심점이 된다. 당신에게 없는 것이 아니라 당신에게 있는 것을 생각해보라. 받은 복을 세어보라. 돈만 많다고 부자가 되는 것은 아니다. 하나님이 우리에게 행하신 일에 감사하면 하나님이 우리를 계속 돌보실 것이라는 확신이 생긴다. 그 결과, 만족하게 되고 이로 인해 교감하고 경청할 정서적 공간이 생긴다.

자녀와의 관계는 단순한 역할 놀이가 아니다. 자녀를 이해하기 위해 최선을 다하고 당신의 기대를 명확히 밝히라. 각 자녀의 독특함과 한계를 주지하고 처벌이 아닌 해법을 찾아라. 하나님이 우리 문제보다 더 크심을 아는 지식에서 오는 낙관적 태도를 잃지 않으면 역경을 지나갈 수 있다. 우리 자녀들이 그런 모습을 우리에게서 볼 수 있어야 한다.

> 소망이 우리를 부끄럽게 하지 아니함은 우리에게 주신 성령으로 말미암아 하나님의 사랑이 우리 마음에 부은 바 됨이니 | 로마서 5:5

계속 헤엄치라

> 제 궤도에 있다 해도 가만히 앉아만
> 있으며 고꾸라지고 말 것이다!
> | 윌 로저스

삶에는 끊임없이 변화가 일어난다. 언제 가던 길을 고수해야 하고, 언제 경로를 변경해야 하는지 아는가? 우주의 유일한 상수는 하나님뿐이시다. 하나님이 우리의 진정한 가치가 되면 우리는 지금 가는 방향으로 계속 가야 할지, 아니면 방향을 바꿔야 할지 알 수 있다.

상황에 집착하지 않고 하나님이 계속 공급하실 것이라고 신뢰하려면 용기와 유연성이 필요하다. 변화가 일어나는 영역이 때로는 평생직장이라고 생각했던 회사일 수도 있고 믿었던 관계일 수도 있다. 믿음의 핵심은 하나님의 모든 행동을 이해하는 것이 아니라 하나님이 다른 길로 이끄시면 그 길로 갈 만큼 하나님을 신뢰하는 것이다.

자녀들의 경우도 마찬가지다. 한 가지 전략이 효과가 없으면 다른 전략을 시도해보라. 새로운 상황 이해 방식과 가능성에 마음을 열어두라. 우리도 항상 바뀔 수 있다. 하지만 예수님 때문에 언제나 다시 시작할 수 있다.

> **주께서 심지가 견고한 자를 평강하고 평강하도록 지키시리니 이는 그가 주를 신뢰함이니이다** | 이사야 26:3

두 사기꾼

> **승리와 재난을 만났을 때
> 이 두 사기꾼을 똑같이 대할 수 있다면**
> | 루드야드 키플링

하나님은 승리보다 재난을 통해 더 많은 것을 가르치신다. 우리가 자녀의 실패에 어떻게 대처하느냐가 자녀의 성공을 대하는 방식보다 더 중요하다.

아이가 아이답게 살게 하라. 아이에게 경험을 통한 배움이라는 선물을 주라. 아이와 함께 놀고 웃으라. 아이가 실수할 때는 인내심을 갖고 기다리고, 아이에게 도움이나 새로운 방향 설정이 필요할 때 개입하라. 아이는 우리가 진심으로 사랑한다는 사실을 알면 우리가 설정한 경계를 존중할 것이다.

하나님은 언제나 우리에게 두 번째 기회를 주신다. 우리 자녀도 처음부터 다시 시작할 수 있다. 과거의 선택에 대해 자책을 해봐야 도움이 되지 않으며 이런 행동은 우리가, 또는 하나님이 바라시는 행동이 아니라는 점을 알려줘야 한다. 하나님은 하나님의 영광뿐 아니라 우리 자녀의 유익에도 관심이 있으시다. 하나님은 성공과 실패 모두를 사용해 우리 자녀가 하나님을 더욱 사랑하게 하실 수 있다.

> 그런즉 누구든지 그리스도 안에 있으면 새로운 피조물이라 이전 것은 지나갔으니 보라 새 것이 되었도다 | 고린도후서 5:17

고요 전의 폭풍

> 누구든 화를 낼 수 있다. 화내기는 쉽다. 하지만 합당한 이유로,
> 합당한 때, 적절한 정도로, 화를 내야 할 사람에게,
> 적절한 방식으로 화를 내기는 쉽지 않다. | 아리스토텔레스

냉정과 평정을 유지하기 위해 온갖 노력을 해도 우리 자녀가 우리 안에 버튼이란 버튼을 동시에 눌러버리는 말이나 행동을 하는 때가 온다. 군사 용어로 표현하자면 이럴 때는 잠시 작전을 중단하고 평정을 되찾은 후에 상황에 대처해야 한다.

이런 상황에 비상사태처럼 대처하는 방법도 있다. 아이가 바보 같은 행동을 하다 다쳐서 응급실에 실려 간 상황이라고 생각하라. 아이를 질책하는 대신 보호자와 간병인 모드로 전환하여 바보 같은 짓에 대해서는 나중에 얘기하자고 결심하지 않겠는가?

하나님은 우리의 실망감을 비롯해 우리 감정을 조절하도록 도우실 수 있다. 자녀가 바보 같은 짓을 하고도 깨닫지 못하여도 걱정하지 마라. 무슨 일이 있어도 우리가 여전히 사랑한다는 사실만 알면 된다.

> 너를 치려고 제조된 모든 연장이 쓸모가 없을 것이라 일어나 너를 대적하여 송사하는 모든 혀는 네게 정죄를 당하리니 이는 여호와의 종들의 기업이요 이는 그들이 내게서 얻은 공의니라 여호와의 말씀이니라 |
> 이사야 54:17

우리의 가장 큰 필요

**우리 안의 죄보다
더 큰 자비가 그리스도 안에 있다.**
| 리차드 십스

하나님은 우리에게 가장 필요한 것이 용서임을 아셨기에 예수님을 우리 구세주로 보내셨다. 성령님이 하시는 일 중 하나는 우리 죄를 확증하시고 우리는 용서가 필요한 존재임을 깨닫게 하시는 것이다. 하나님이 우리에게 베푸신 자비를 우리 자녀에게 베푼다면 우리가 하나님에게 매우 민감하다는 것을 보이게 된다.

자녀에게 용서의 힘을 보여주기 위해서는 사과와 용서를 구하는 것의 차이를 가르쳐야 한다. 미안하다는 말은 후회한다, 나의 행동에 대해 마음이 안 좋다는 뜻이다. 하지만 내가 잘못한 사람에게 용서를 구하는 것은 상대방에게 결정권을 넘기는 것이다. 용서할지 말지는 상대방에게 달렸다. 하지만 하나님께 용서를 구하면 하나님은 반드시 용서해 주신다. 왜냐하면 하나님은 우리가 서로 용서하기를 바라시기 때문이다(엡 4:32).

은혜와 용서는 불완전함이 우리의 관계를 망가뜨리지 못하게 막아준다. 자녀에게 용서를 구하고 용서하는 것이 얼마나 중요한지 일관되게 가르치라.

> 사람은 자기의 인자함으로 남에게 사모함을 받느니라 가난한 자는 거짓말하는 자보다 나으니라 | 잠언 19:22

인내

**인내는 우리의 지속적인 좌우명이 되어야 한다.
나는 궁극적으로 전능하신 하나님이 우리의 노력에 상 주실 것을 믿는다.**
| 윌리엄 윌버포스

신앙생활에서 인내만큼 풍성한 상을 받는 성품은 없다. 인내할 줄 알면 목표를 끝까지 붙들고 신념을 삶으로 실천하며 경건한 자녀를 기르는 목표를 달성할 수 있다.

바울은 인내를 경주에 비유했다(고전 9:24-27). 하나님의 존귀와 영생이라는 영적 상급이 우리를 기다리고 있다. 하지만 목표를 달성하기 위해서는 경주를 준비하고 속도를 조절해 완주해야 한다. 벽에 부딪혔을 때는 계속 나아가게 하실 하나님을 신뢰해야 한다.

버벅대는 때도 있을 것이다. 이 또한 삶의 일부다. 이런 때가 올 것을 예상하고 일시적 후퇴로 여기며 계속 노력하라. 하나님의 설명서인 성경을 마음에 담고 실천하라. 하나님이 우리를 강하게 하셔서 우리 자녀에게 필요한 아빠로 만드시고 자녀와의 관계를 통해 우리 삶을 풍성하게 하실 것이다.

> 만일 여호와를 섬기는 것이 너희에게 좋지 않게 보이거든… 너희가 섬길 자를 오늘 택하라 오직 나와 내 집은 여호와를 섬기겠노라 하니 |
> 여호수아 24:15